にほんの里100選
ガイドブック

発行元　財団法人森林文化協会
編集発売　清水弘文堂書房

「にほんの里100選」とは

 人の営みが育んだすこやかで美しい里を全国から100カ所選んだ。対象とした里は、集落とその周辺の田畑や草地、海辺や水辺、里山などの自然からなる地域。広さにかかわらず、人の営みがつくった景観がひとまとまりになった地域を一つの里ととらえた。2008年1～3月に候補地を募集。4474件の応募があり、候補地は2千地点以上に達した。

 応募者の推薦の言葉や、現地に詳しい研究者、NGO、自治体関係者などの意見を参考に、朝日新聞社と森林文化協会が候補地を約400地点に絞り込んだ。そのうえで「景観」「生物多様性」「人の営み」を基準に、現地を調査。集落や水田など、里を構成する12の要素ごとに利用や管理の仕方などを評価した。

 調査後、約150地点のデータを選定委員会に提出。11月の選定委員会で論議し、「100選」を決め、09年1月6日に紙面な

どで発表した。選定事業は、朝日新聞社と森林文化協会が共催し、朝日新聞創刊130周年記念事業の一環で、森林文化協会創立30周年記念も兼ねた。

「にほんの里100選」選定委員

委員長
山田洋次（やまだようじ）　映画監督

森本幸裕（もりもとゆきひろ）　京都大大学院教授（景観生態保全論）

鷲谷いづみ（わしたに）　東京大大学院教授（保全生態学）

あん・まくどなるど（Anne McDonald）　国連大学高等研究所いしかわ・かなざわオペレーティング・ユニット所長（環境歴史学）

粕谷卓志（かすやたかし）　朝日新聞編集担当

幸福な勘違い

寅さんシリーズは今から40年前にスタートしたが、渥美清さんの他界で終わるまでの27年間を、ぼくたちスタッフはこの国の姿かたちがこれ以上変わらないでほしい、破壊と建設や悪しき変革はもうこれ止まりにしてほしいと、ひたすら願いながら北海道から沖縄にかけてカメラを回し続けてきたように思う。

「にほんの里100選」というタイトルをはじめて聞かされたときに感じたのは、なつかしい風景や誇るべき暮らしの文化を残しているような地方が、ぼくたちの国に100カ所も見つかるだろうか、という不安だった。

しかし、ふたを開けてみて驚いた。寅さん映画の監督として日本中を歩き回った経験などは実に貧弱でナンセンスということを思い知らされた。なんと応募総数4千、立候補と推薦が重なったのをはぶいて2千カ所以上の魅力に溢れた候補地がずらずらと出揃ったのである。100選というと1県平均2カ所しか選べないのをはぶいて、

ことになる。これは大変なことになったと狼狽しながらもぼくは自分のお粗末な勘違いが妙に嬉しかった。

手分けをして日本中を歩き回るスタッフの苦労は並大抵のことではなかったし、選考委員も迷いに迷った。100にこだわらず、5カ所や10カ所増やしても、という意見もあったが結局100に絞るしかなかった。この100選以外にもこの国にはまだまだ素敵な里が沢山あるのだ、ということを読者の皆さんに是非お伝えしたい。

選定委員長　映画監督

山田洋次

景観

美しさの裏側に秩序

森本幸裕

　こんなところが残っていたのか。島根の西ノ島へ渡り、感動に包まれた。100選の調査に同行した時のことだ。

　麦、豆、雑穀の栽培と放牧を4年サイクルで回す持続的な土地利用が800年以上前から存在したという。今も輸入飼料に頼らない放牧が行われ、入り江わきの傾斜地に牛や馬が草をはむ美しい風景が広がって

いた。100選の募集で発掘された里と言える。

あぜで見かけるワレモコウや落葉樹林のカタクリは、実は氷河時代からの生き残りだ。その後の温暖化で昼も暗い照葉樹林が日本全体に広がっていれば生き残れなかったはずだが、草刈りや田起こしがある農耕地で光を手に入れ古い生物相が維持された。大小様々な川の流域に適度に人の手が入ることで複雑な環境が入れ子状に形成され、多様な生態系が育まれた。

人々も自然の論理を重んじ、秩序のある持続的な暮らしを保ってきた。里の美しさの裏側には、こうした生物多様性と秩序がひそんでいる。

だが、里は今、消えつつある。昔の生活に戻ればいいかというと、人口が増え、里も変質した以上、そんなに簡単ではない。新しい保全のあり方が問われている。100選ツアーなど、そのよさを伝える企画をぜひ考えてほしい。

生物多様性

魅力実感しに訪れて

鷲谷いづみ

　冬の夕日を背に、何万羽ものマガンがねぐらに舞い戻ってくる。宮城県の蕪栗沼で、その美しさに目を奪われた。

　周りの水田は、マガンのねぐらになるよう地元の人が冬も水を入れる。その水田では、イトミミズが栄養豊富なトロトロの土を作るなど、化学肥料と農薬を減らす効果が生まれる。

　屋根をふく茅、堆肥をつくる草や落ち葉、燃料などを採る草地や樹林、作物を育てる田畑や水路が入り組んで多様な生き物が息づく。その多様性にみちた自然の姿が里の魅力だ。100選が、その価値を見直すきっかけになるといい。

　多様な価値をもつ里だが、経済的な価値は失われつ

つある。住民が良さを認識しないと将来は開けない。そのためには、外の視点を持ち込む「旅人」の役割が重要だ。

農業を格好いいという若者や週末に畑を耕す中高年が増えている。情報面では、インターネットの利用などで里にいながら都市と変わらない生活も可能だ。里と都市の垣根を超えた暮らしが、里を次世代に引き継ぐヒントになるだろう。

ぜひ里を訪れ、その様々な魅力を実感してほしい。里の何にひかれるかは、人によって違うだろうから。

人の営み

日本は文化の万華鏡　　あん・まくどなるど

ある海辺の里で、91歳の海女さんに、いつまで潜るのかと尋ねたことがある。「海が止まるまで」と彼女は言った。自分が海の一部、という感覚を持っているように思えた。里には不思議なセリフがたくさんある。

日本列島を旅すると、万華鏡をのぞいている気がする。気候、風土の移り変わりとともに自然の姿が変わり、人の営みも変わる。そこに生きる人間の風味や香

りが変わる。日本は狭いと言うが、多様性の幅はとても広い。生物多様性だけでなく、この文化多様性も保全すべきだ。

秋田の八森はハタハタ漁で知られる。乱獲で資源を復元できなくなる例が多い中、漁を制限してハタハタを復元させた。それは人と自然の物語だ。里には様々な物語があり語り部がいて、知恵や知識を何百年も受け継いできた。それが里の魅力でもある。

だが日本は戦後、すさまじい変化を見せた。80年代に来日した私の目には、日本人は長く背負ってきた荷物をすべて捨てようとしているように見え、危うさを覚えた。

里は持続型の食料生産現場でもある。自給率の低い日本には、いざという時の宝物になる。どんな形で残すべきか。100選が、議論のきっかけになると期待している。

※ 12の分類は、里を構成する景観で、●は代表的なもの。
景観評価は現地調査員の印象に基づいている。

集落	河川	池沼	湧水	湿地	海辺	水田	畑	茶畑	果樹園	草地	里山	ページ
				●	○		○					20
										○	●	21
○					●							22
						○	●				○	23
○	●											24
●						○	○					25
○	○					●						26
						●						27
●					○							28
					●							29
●							○					30
●											○	31
											●	32
		●				○						33
○	●					○	○				○	34
						●					○	35
●						○					○	36
						○					●	37
	●		○			○						38
						●					○	39
●							○				○	40
	○						○		●			41
○							●				○	42
		○				●						43
						○	○				●	44
						●					○	45
			○			●					○	46
○									●			47
					●	○	○					48
		○				●					○	49
			●		○							50
●						○	○					51
						●	○				○	52

にほんの里100選一覧

通番	都道府県	里の名称（市町村）	里の読み方
1	北海道	浜中町	はまなかちょう
2	北海道	黒松内町	くろまつないちょう
3	青森	福浦（佐井村）	ふくうら
4	青森	新田（田子町）	しんでん
5	岩手	山根六郷（久慈市）	やまねろくごう
6	岩手	上附馬牛・大出（遠野市）	かみつきもうし・おおいで
7	岩手	萩荘・厳美の農村部（一関市）	はぎしょう・げんび
8	宮城	蕪栗沼（大崎市）	かぶくりぬま
9	宮城	江島（女川町）	えのしま
10	秋田	八森（八峰町）	はちもり
11	秋田	阿仁根子（北秋田市）	あにねっこ
12	山形	曲川木の根坂（鮭川村）	まがりかわきのねざか
13	山形	小玉川（小国町）	こたまがわ
14	福島	猪苗代湖（猪苗代町）	いなわしろこ
15	福島	中川（金山町）	なかがわ
16	茨城	持方（常陸太田市）	もちかた
17	茨城	八郷（石岡市）	やさと
18	栃木	茂木町北部地区	もてぎまち
19	栃木	西下ケ橋（宇都宮市）	にしさげはし
20	群馬	粕川町室沢（前橋市）	かすかわまちむろさわ
21	群馬	秋畑那須（甘楽町）	あきはたなす
22	埼玉	風布（寄居町）	ふうぷ
23	埼玉	三富新田（所沢市・三芳町）	さんとめしんでん
24	千葉	結縁寺（印西市）	けちえんじ
25	千葉	平久里下（南房総市）	へぐりしも
26	東京	小野路（町田市）	おのじ
27	神奈川	上山口（葉山町）	かみやまぐち
28	神奈川	藤野町佐野川（相模原市）	ふじのちょうさのがわ
29	新潟	片野尾・月布施・野浦（佐渡市）	かたのお・つきふせ・のうら
30	新潟	松之山・松代（十日町市）	まつのやま・まつだい
31	富山	生地（黒部市）	いくじ
32	富山	砺波平野散居村（砺波市・南砺市）	となみへいやさんきょそん
33	石川	町野町金蔵（輪島市）	まちのまちかなくら

集落	河川	池沼	湧水	湿地	海辺	水田	畑	茶畑	果樹園	草地	里山	ページ
●												53
●					○							54
○						●					○	55
		●				○			○			56
○									●		○	57
						○	○				●	58
	○					○	○				●	59
						○	○				●	60
						○	●				○	61
											●	62
●				○		○						63
					●	○						64
	●							○				65
○	○								●		○	66
●				○								67
●				○								68
●	○					○						69
	○	●										70
		○				●					○	71
●					○							72
●			○			○					○	73
						●					○	74
						●					○	75
		○				●					○	76
	○			○		●					○	77
○						○					●	78
○						●						79
○						●						80
●							○					81
●						○						82
●							○					83
○									●			84
●						○					○	85

通番	都道府県	里の名称（市町村）	里の読み方
34	石川	白峰（白山市）	しらみね
35	石川	橋立町（加賀市）	はしたてまち
36	福井	白山・坂口（越前市）	しらやま・さかぐち
37	福井	三方五湖（若狭町）	みかたごこ
38	山梨	牧丘・八幡（山梨市）	まきおか・やわた
39	山梨	増富（北杜市）	ますとみ
40	長野	栄村	さかえむら
41	長野	小川村	おがわむら
42	長野	遠山郷・上村下栗（飯田市）	とおやまごう・かみむらしもぐり
43	長野	根羽村	ねばむら
44	岐阜	神岡町山之村（飛騨市）	かみおかちょうやまのむら
45	静岡	石部（松崎町）	いしぶ
46	静岡	川根本町	かわねほんちょう
47	愛知	川売（新城市）	かおれ
48	愛知	佐久島（一色町）	さくしま
49	三重	須賀利町（尾鷲市）	すがりちょう
50	三重	浅里（紀宝町）	あさり
51	滋賀	白王・円山（近江八幡市）	しらおう・まるやま
52	滋賀	甲南町杉谷新田（甲賀市）	こうなんちょうすぎたにしんでん
53	京都	伊根湾の舟屋群（伊根町）	いねわんのふなやぐん
54	京都	上世屋（宮津市）	かみせや
55	京都	越畑・樒原（京都市）	こしはた・しきみがはら
56	大阪	長谷（能勢町）	ながたに
57	大阪	穂谷（枚方市）	ほたに
58	兵庫	円山川流域（豊岡市）	まるやまがわ
59	兵庫	黒川（川西市）	くろかわ
60	奈良	深野（宇陀市）	ふかの
61	奈良	奥明日香（明日香村）	おくあすか
62	奈良	桑畑果無（十津川村）	くわはたはてなし
63	和歌山	天野（かつらぎ町）	あまの
64	和歌山	口色川（那智勝浦町）	くちいろがわ
65	鳥取	別所・国信（湯梨浜町）	べっしょ・くにのぶ
66	鳥取	西谷新田（智頭町）	にしだにしんでん

集落	河川	池沼	湧水	湿地	海辺	水田	畑	茶畑	果樹園	草地	里山	ページ
					○					●		86
●												87
○	●					○						88
○					●		○					89
					○		●					90
				●		○						91
○					●				○			92
○						●					○	93
●					○							94
					●	○					○	95
○						●						96
○			○		●							97
					○	○					●	98
●						○	○					99
				○		●						100
●	○				○	○					○	101
	○					○	○		●			102
					●							103
					●		○					104
					○	●						105
			●		○							106
●	○											107
					○	●					○	108
○					○	●						109
					○	○			●			110
					●	○						111
●	○											112
●	○				○						○	113
					●			○				114
○					○	●					○	115
●					○		○					116
●				○								117
					○		○				●	118
			○	○		●						119

通番	都道府県	里の名称（市町村）	里の読み方
67	島根	西ノ島（西ノ島町）	にしのしま
68	島根	斐川町	ひかわちょう
69	岡山	阿波（津山市）	あば
70	岡山	真鍋島（笠岡市）	まなべしま
71	広島	因島重井町（尾道市）	いんのしましげいちょう
72	広島	八幡湿原（北広島町）	やわたしつげん
73	山口	祝島（上関町）	いわいしま
74	山口	米川東部地区（下松市）	よねかわ
75	山口	徳地串（山口市）	とくじくし
76	徳島	八重地（上勝町）	やえじ
77	徳島	大神高開（吉野川市）	おおがみたかがい
78	香川	中山（小豆島町）	なかやま
79	愛媛	上畑野川（久万高原町）	かみはたのかわ
80	愛媛	城川町田穂（西予市）	しろかわちょうたお
81	愛媛	遊子水荷浦（宇和島市）	ゆすみずがうら
82	高知	里川（四万十町）	さとかわ
83	高知	相名（馬路村）	あいな
84	福岡	和白干潟（福岡市）	わじろひがた
85	福岡	星野村	ほしのむら
86	佐賀	加部島（唐津市）	かべしま
87	佐賀	湯崎（白石町）	ゆざき
88	長崎	神代小路（雲仙市）	こうじろくうじ
89	長崎	豆酘（対馬市）	つつ
90	長崎	崎山（五島市）	さきやま
91	熊本	阿蘇のカルデラ（阿蘇市）	あそ
92	熊本	五和町二江（天草市）	いつわまちふたえ
93	大分	皿山（日田市）	さらやま
94	大分	大越（佐伯市）	おおこえ
95	宮崎	北浦町（延岡市）	きたうらまち
96	宮崎	都城市周辺の農村部	みやこのじょうし
97	鹿児島	笠沙町大当（南さつま市）	かささちょうおおとう
98	鹿児島	加計呂麻島（瀬戸内町）	かけろまじま
99	沖縄	やんばるの森（国頭村）	やんばるのもり
100	沖縄	久米島（久米島町）	くめじま

にほんの里100選 ガイドブックの見方

グリーン・ツーリズム情報満載

マップコードでカーナビ・携帯楽々アクセス！

里の紹介文や写真は、選定結果を発表した2009年1月6日付の朝日新聞の記事をもとに編集しました。

1 浜中町 北海道

アイコンは、里を構成する景観（12分類）で、最上段の大きなものが、その里の代表的な景観です。景観の評価は現地調査員の印象に基づきました。

集落	河川	池沼	湧水
湿地	海辺	水田	畑
茶畑	果樹園	草地	里山

DATA 交通手段や直売、食事、体験宿などを掲載した周辺ガイド（DATA欄）は、グリーン・ツーリズムの普及を図る（財）都市農山漁村交流活性化機構（愛称：まちむら交流きこう）が提供した2009年2月1日現在の同機構登録データをもとに編集しました。特産や直売などの施設は、100選の里から距離のあるものも含んでいます。施設の概要は、グリーン・ツーリズムのウェブサイト http://www.ohrai.jp/gt/ でも検索できます。

※バス路線などは、変更の場合もあります。
　交通アクセスはお出かけ前にご確認ください。

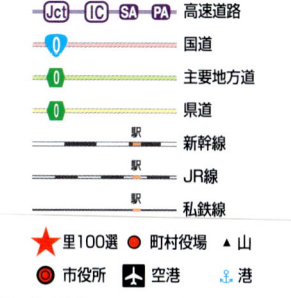

Jct IC SA PA	高速道路
0	国道
0	主要地方道
0	県道
駅	新幹線
駅	JR線
駅	私鉄線
★ 里100選　● 町村役場　▲ 山	
◎ 市役所　✈ 空港　⚓ 港	

地図は株式会社ゼンリンが作成。基本地図情報、道路情報は、2008年8月末日現在のものです。発行後、掲載情報に変動がある場合もあります。
※地図作成にあたっては、国土地理院長の承認を得て、同院発行の2万5千分の1地形図を使用しました。（承認番号 平20業使 第204－115号）

直売 は、その地域の生産物を生産者らが持ち寄って販売している所を紹介しています。直売所立ち寄りのコツは午前中です。

食事 は、生産者らがその土地で採れた食材を料理して出す農林漁家レストランを中心に紹介しています。予約が必要な店もあります。

体験宿 は、農林漁業の様々な体験も希望によってはできる体験民宿を紹介しています。里から少々遠いところも含めています。

車ナビ は、里を訪れる際の目標ポイントを、緯度経度情報を数値化したマップコードで表わしました。（ ）内がマップコードにした施設名や地点です。地図では★で示しました。カーナビのマップコード検索で、コードを入力すれば、あとはカーナビの指示で、目的地周辺に到達できます。目的地には、駐車場のない場所も含まれています。

マップコードは、パソコンや携帯でも里100選の位置を確認できます。
【パソコンから】 地図サイト・マピオン http://www.mapion.co.jp/ を開き、検索条件「マップコード」を選択してコードを入力し、検索
【携帯から】 マピオンモバイル（2次元コード右）の「その他の検索方法から」で、マップコードを選び、キーワード検索窓にコードを入力し、検索

MAPCODE® マップコードは株式会社デンソーの登録商標です。一部のカーナビはマップコード未対応なものもあります。

オススメ宿　2009年春から朝日新聞と提携したJTBと朝日旅行の推薦する里周辺の宿です。

1 浜中町(はまなかちょう)

北海道

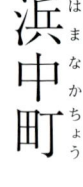

湿原守り営む農漁業

海岸部の漁村と、それに続く霧多布湿原の後背地に農村風景が広がる。町民主体で湿原を保全し、「ノーレジ袋運動」の先駆けに。

DATA　●交通：中標津空港から車で120分/JR根室本線茶内駅から車で10分　●特産：昆布、ウニ、ホタテ　●食事：厚岸味覚ターミナルコンキリエ 0153-52-4139　●直売：小松牧場 0153-62-2749/おおともチーズ工房 0153-65-2431　●宿問合せ：浜中町観光協会 0153-62-2111　●車ナビ：614607050*61（霧多布湿原センター）

オススメ宿　朝日旅行〔釧路〕釧路プリンスホテル 0154-31-1111
JTB〔釧路〕ラビスタ釧路川 0154-31-5489

北海道

2 黒松内町（くろまつないちょう）

北海道

北限のブナで町おこし

町ぐるみで「ブナ北限の里づくり」を推進。観察会やフットパスを通じ、自然の恵みやブナ林の役割を考える取り組みが続く。

DATA ●交通：JR函館本線黒松内駅から車5分 ●情報＆体験：黒松内町ブナセンター 0136-72-4411 ●特産：和牛，ワイン，米 ●直売：手作り加工センター「トワ・ヴェール」0136-72-4416／冨田農場「冨田ふぁーむ」0136-72-4225 ●食事：レストラン 槇里花（キリカ）0136-72-3010 ●体験宿：農家民宿 寅さんの家 0136-57-6139（車で50分） ●宿問合せ：黒松内町企画調整課 0136-72-3311 ●車ナビ：521517726*55（黒松内町ブナセンター）

オススメ宿 朝日旅行〔ニセコ昆布温泉〕鯉川温泉旅館（日本秘湯を守る会）0136-58-2111
JTB〔ニセコ昆布温泉〕ニセコ昆布温泉ホテル甘露の森 0136-58-3800

3 福浦（佐井村） ふくうら

青森県

山迫る漁村、歌舞伎伝承

ウニ、タコなどの漁を山迫る港で営み、鎧張り(よろい)の平屋建住宅が集まる。方言のまま伝わる歌舞伎の歴史は、100年を超す。

DATA ●交通：むつ市街地から車で80分/JR大湊線下北駅から佐井までバス120分,さらに福浦まで車30分 ●特産：海産物,ヒバ製品 ●直売：スーパニアハウス（津軽海峡文化館アルサス内）0175-38-2246/手づくりマート 0175-38-4555/リフレッシュセンター「鱈の里」0175-44-3252 ●食事：ぬいどう食堂 0175-38-5865/仏ヶ浦ドライブイン 0175-38-5825 ●体験宿：民宿みやの（漁村体験）0175-38-2631 ●車ナビ：847877009*01（福浦漁港）

オススメ宿
- 朝日旅行 〔薬研温泉〕ホテルニュー薬研 0175-34-3311
- JTB 〔下風呂〕下風呂観光ホテル二浦屋 0175-36-2311

東北

4 新田(しんでん)（田子町）

青森県

水車とソバが人を呼ぶ

転作のソバを生かす。江戸期から残るという水車で粉をひき、「新そば祭り」を開く。収入で自治会費はゼロ。里山も積極活用。

DATA　●交通：八戸道一戸ICから車で60分/JR二戸駅から車で50分　●特産：ソバ,ニンニク　●直売：田子町ガーリックセンター 0179-32-3165/ ＳＡＮ・ＳＵＮ産直ひろば 0179-22-3266
●体験宿：民宿 たちばな（そば打ち：車で60分）0195-72-5221
●車ナビ：915067122*18（集落）

オススメ宿
朝日旅行　〔温川温泉〕温川山荘(日本秘湯を守る会)0172-55-2314
JTB　〔焼山〕奥入瀬渓流ホテル 0176-74-1111

5 山根六郷（久慈市）

岩手県

塩の道に伝統の暮らし

「塩の道」の里。渓流沿いに板壁や茅ぶきの民家が残る。暮らしや行事を伝承する活動、外部との交流も盛ん。粟など雑穀栽培も。

DATA ●交通：ＪＲ・三陸鉄道久慈駅から車で30分 ●特産：雑穀 ●直売：くるま市（水車まつり）0194-57-2172（桂の水車広場で４月〜12月の毎月第１日曜：電話は当日限り）／道の駅くじ「やませ土風館」0194-66-9200／ＪＡふれあい産直ショップ「花野果」0194-52-0790 ●食事：そばの匠館（名物まめぶ：要予約）0194-75-2315 ●宿問合せ：久慈市観光物産協会 0194-66-9200 ●車ナビ：610458299*43（桂の水車広場）

オススメ宿　朝日旅行　JTB　〔久慈〕久慈グランドホテル 0194-52-2222

6 上附馬牛・大出（遠野市）岩手県

伝統野菜作る民話の里

早池峰山を仰ぐ遠野物語ゆかりの里。お年寄りたちが伝統行事を指導。伝統野菜の暮坪かぶ、ホップ、ワサビ栽培、ヤマメ養殖も。

DATA ●交通：JR釜石線遠野駅からバスで50分/釜石道東和ICから車で80分 ●特産：暮坪かぶ、ホップ、ワサビ、ヤマメ ●直売：附馬牛ふるさと村直売所 0198-64-2300/産直あぐり遠野 0198-62-8002 ●食事：夢咲き茶屋 0198-62-7714 ●宿：MILK-INN江川（川魚炭火焼体験）0198-64-2219/民宿 とおの（山菜キノコ料理）0198-62-4395 ●車ナビ：639181671*75（大出集落）

オススメ宿 朝日旅行 JTB 〔遠野〕あえりあ遠野 0198-60-1700

7 萩荘・厳美の農村部（一関市） 岩手県

中世の稲作景観を継承

小河川、農地、山林が入り組む。萩荘のため池群、中世の稲作景観を継ぐ厳美町本寺地区の風景など、農の歴史が大地に刻まれる。

DATA　●交通：東北道一関ICから車で7分／JR東北本線一ノ関駅から車で20分　●特産：米　●直売：新鮮館おおまち 0191-31-2201　●食事：村の迎賓館んめぇがすと（古民家）0197-52-4111／農家民宿と心の料理 有賀の里たかまった（蔵座敷：要予約）0228-32-5857　●宿問合せ：一関市役所商業観光課 0191-21-2111　●車ナビ：142096202＊47（道の駅 厳美渓）

オススメ宿　朝日旅行〔厳美渓温泉〕滝の湯いつくし園（日本の宿を守る会）0191-29 2101　JTB〔一ノ関〕蔵ホテル一関 0191-31-1111

東北

8 蕪栗沼（かぶくりぬま）（大崎市）

宮城県

水田が渡り鳥の採食地

沼周辺の水田がエサ場となってマガンなど多数の渡り鳥が飛来。水鳥のために冬にも田に水を張るなど、農家や地元の活動も強力。

DATA ●交通：東北道古川ICから車で35分/JR東北本線田尻駅から車で20分 ●食事：農家レストラン 蔵楽（くらら）0229-39-7548（要予約）/四季食彩野の花 0220-58-5855 ●直売：もっこり村の野菜畑・お花畑 0220-58-3111 ●体験宿：公園の中の宿 ロマン館 0229-39-2424 ●車ナビ：141508801*66（沼入口）

オススメ宿 （朝日旅行）〔鳴子中山平温泉〕うなぎ湯の宿琢琇（日本秘湯を守る会）0229-87-2216 （JTB）〔鳴子温泉〕湯の宿吟の庄 0229-83-4355

9 江島（女川町）

宮城県

豊かな海に支えられて

漁港背後の急斜面に民家が密集し、迷路のような歩道が巡る。ホタテ、ウニ、アワビなど豊かな漁業資源を支えに結束して生きる。

DATA　●交通：東北道古川ICから車で60分あるいはJR石巻線女川駅から徒歩5分の女川港から定期船で26分　●特産：ホタテ, アワビ, ウニ　●食事：レストラン 古母里（女川）0225-54-4601　●直売：マリンパル女川シーパルⅡ（女川）0225-54-4714　●宿：島内に民宿2軒　●問合せ：女川町観光協会0225-54-4328　●車ナビ：436236622*58（江島港）

オススメ宿
朝日旅行〔石巻〕石巻グランドホテル 0225-93-8111
JTB〔女川町〕華夕美 0225-53-4188

東北

10 八森(はちもり)（八峰町）

秋田県

禁漁でハタハタを復活

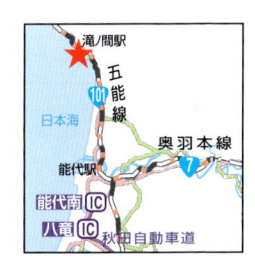

漁業と林業の町。乱獲で衰退したハタハタを禁漁で復活。秋田の伝統食文化を守り、活気を取り戻す。地元有志による植林活動も。

DATA ●交通：秋田道能代南ICから車で30分/JR五能線滝ノ間駅から徒歩5分 ●特産：ハタハタ,しょっつる,梨,米,きりたんぽ ●直売：おらほの館 0185-76-4649/八森海鮮紀行 0185-77-2255 ●食事：ハタハタ館「レストラン いさりび」0185-77-2770/星場台 0185-58-4588（要予約） ●体験宿：あきた白神体験センター 0185-77-4455/白神ぶなっこ教室 0185-79-3130（車で70分） ●車ナビ：598420801*07（八森漁港）

オススメ宿
（朝日旅行）〔八森〕あきた白神温泉ホテル 0185-77-2233
（JTB）〔藤里（白神山地）〕ホテルゆとりあ藤里 0185-79-1070

11 阿仁根子（あにねっこ）（北秋田市）

秋田県

森とともに暮らす

かつてのマタギの中心地。山菜やキノコ採りなど森に密着して暮らす。能楽の一種「根子番楽」など伝統行事を守り里を活性化。

DATA　●交通：秋田駅から車で110分／JR奥羽本線鷹ノ巣駅乗換え，秋田内陸縦貫鉄道笑内駅より徒歩30分　●特産：マタタビ，山菜　●直売：阿仁町直売会「またたび館」0186-69-2575／JAあきたラポール森吉直売コーナー0186-60-5151　●体験宿：民宿　彦六 0187-43-1240　●交流宿泊施設：打当温泉 マタギの湯 0186-84-2612　●宿問合せ：北秋田市観光案内所 四季美館 0186-75-3188　●車ナビ：686663270＊07（集落入口）

オススメ宿
朝日旅行〔奥森吉〕杣温泉旅館（日本秘湯を守る会）0186-76-2311
JTB〔打当温泉〕打当温泉「マタギの湯」0186-84-2612

東北

12 曲川木の根坂（鮭川村）山形県

「ゆい」結束し頑張る

豪雪地。作業を助け合う「ゆい」の結束が固く、閉校した分校校舎を体験型宿泊施設「みやまの里木の根坂」に。生物調査も行う。

DATA ●交通：JR奥羽本線新庄駅から車で40分 ●特産：鮎, モクズガニ, 山菜, キノコ ●直売：産直さけまるくん（鮭川村エコパーク 鮭の子館内）0233-55-4460/ 産直まごころ工房 0233-62-2316/ 産直まゆの郷 0233-23-5007 ●食事＆体験型宿泊施設：みやまの里 木の根坂 0233-55-2612 ●宿問合せ：羽根沢温泉旅館組合 0233-55-2081 ●車ナビ：221698005*47（みやまの里木の根坂）

オススメ宿
(朝日旅行)〔肘折温泉〕丸屋旅館（日本秘湯を守る会）0233-76-2021
(JTB)〔肘折温泉〕湯宿 元河原湯 0233-76-2259

13 小玉川(こたまがわ)（小国町）

山形県

マタギ文化を伝える

昭和初期までマタギで暮らした文化が残る。クマの生態調査も30年続けている。ブナ林豊かな温身平は「森林セラピー基地」だ。

DATA ●交通：JR米沢駅から車で90分/JR米坂線小国駅から町営バス45分 ●特産：マタタビ，アケビのつる細工 ●直売：森のめぐみ直売所 0238-65-2158/白い森よこね物産品直売所 0238-62-3719 ●食事：マタギの郷交流館 0238-64-2525 ●宿問合せ：小国町観光協会 0238-62-2416 ●車ナビ：555156092*13（マタギの郷交流館）

オススメ宿
朝日旅行 〔泡の湯温泉〕三好荘（日本秘湯を守る会）0238-64-2220
JTB 〔飯豊町〕ホテルフォレストいいで 0238-78-0010

東北

14 猪苗代湖（猪苗代町）

福島県

里の生活支える湖水

福島を代表する里景観。磐梯山のすそ野に湖と水田が広がり、灌漑、発電、飲料水など湖水が住民の暮らしと深く結びついている。

DATA ●交通：磐越道猪苗代磐梯高原ICから車で5分/JR磐越西線猪苗代駅バス10分 ●特産：米,果物 ●直売：JAあいづファーマーズマーケット「旬菜館」0242-33-7622/JA会津みどり「Eな！本郷」0242-56-2978 ●食事：そば処 下の家 0241-24-3718 ●体験宿：民宿 鈴木屋 0242-62-3367/民宿 えびすや 0242-62-3347 ●車ナビ：413114846*22（野口英世記念館）

オススメ宿
- 朝日旅行 〔押立温泉〕住吉館（日本秘湯を守る会）0242-65-2221
- JTB 〔中ノ沢温泉〕御宿万葉亭 0242-64-3789

15 中川(なかがわ)（金山町）

福島県

自然に抱かれ営む生活

奥会津の景観を代表する里。只見川のゆったりとした流れに沿って水田と集落が立地。水辺に迫る山並みが里や周辺の景観を引き締める。

DATA　●交通：磐越道会津坂下ICから車で45分/JR只見線会津中川駅から徒歩数分　●特産：エゴマ油、桐製品　●食事：金山町活性化センター「こぶし館」（アザキ大根そば）0241-55-3334/そば処 ふなき 0241-42-2385　●直売：柳津町観光物産館「清柳苑」0241-42-2324/からむし織の里 0241-58-1655　●体験宿：民宿 只見荘（囲炉裏）0241-82-2047　●車ナビ：397184273*74（集落）

オススメ宿　朝日旅行〔玉梨八町温泉〕恵比寿屋（日本秘湯を守る会）0241-54-2211
JTB〔柳津〕旅館内田屋 0241-42-2021

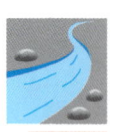

16 持方（常陸太田市）

茨城県

コンニャクと歴史誇り

山間の隠れ里のような12戸の集落。在来の弾力あるコンニャクを作り、加工販売で地域の婦人部が活躍。古文書も残る歴史ある里。

DATA ●交通：JR水郡線袋田駅から車で20分／常磐道日立南太田ICから車で60分 ●特産：コンニャク ●直売：水府物産センター 0294-87-0375／道の駅 さとみ 0294-82-2100 ●食事：みらんど袋田 0295-79-0296／西金砂そばの郷 そば工房 0294-76-9000 ●体験宿：プラトーさとみ 0294-82-4221 ●車ナビ：379517404*16（集落入口）

オススメ宿
朝日旅行 〔山方〕湯の澤鉱泉（日本秘湯を守る会）0295-57-3794
JTB 〔袋田温泉〕袋田温泉思い出浪漫館 0295-72-3111

17 八郷(やさと)（石岡市）茨城県

筑波山麓の茅ぶき集落

筑波山麓に茅ぶきの民家が80戸点在。「筑波流」のふき方は、軒を何層にも彩るなど粋な工夫を誇る。持続的な農業にも積極的。

DATA　●交通：JR常磐線石岡駅から車で50分／常磐道千代田石岡ICから車で20分　●特産：イチゴ,梨,ブドウ,リンゴ,柿などの観光果樹園が多い　●直売：柿岡直売所 0299-44-8310／ゆりの郷物産館（立寄り温泉に付属）0299-42-4126　●宿：国民宿舎 つくばね 0299-42-3121　●問合せ：石岡市八郷総合支所商工観光課 0299-43-1111　●車ナビ：112424130*51（上青柳集落）

オススメ宿
朝日旅行　〔筑波山温泉〕つくばグランドホテル 029-866-1111
JTB　〔筑波〕筑波山江戸屋 029-866-0321

18 茂木町北部地区

栃木県

里山を利用しつつ保全

丘陵状の里山。雑木林、棚田、集落の景観が調和する。シイタケ原木など里山の利用も。棚田は小規模ながら手入れが行き届く。

DATA ●交通：真岡鉄道茂木駅から車で10分／北関東道宇都宮上三川ICから車で30分 ●特産：那珂川の鮎,河岸台地のソバ,シイタケ,ユズなど ●食事：そばの里まぎの0285-62-0333／大瀬観光やな0285-63-2885 ●直売：もてぎプラザ野菜直売所0285-63-5672 ●体験宿：民宿 たばた 0285-63-3729 ●車ナビ：188848328＊45（そばの里まぎの）

オススメ宿 **JTB** 〔茂木〕ホテルツインリンク 0285-64-0123

19 西下ケ橋（宇都宮市）

栃木県

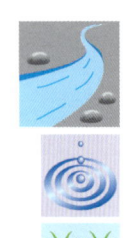

都市近郊に多様な生物

市北部の稲作地帯。用水源の谷川にはヤマメやホトケドジョウなど多様な生き物が。農家、市民、行政が協力して保全に取り組む。

DATA　●交通：JR東北本線氏家駅から車で10分/東北道宇都宮ICから車で20分　●特産：ドジョウのすむ田の米　●直売：JAうつのみやスカイマート上河内 0286-74-2164/たんたんプラザ光陽台 028-680-1910　●食事：元気あっぷ村 0286-76-1126　●体験宿：廃校活用「星ふる学校くまの木」0287-45-0061（車30分）　●車ナビ：39816839*45（峰下橋）

20 粕川町室沢（前橋市） 群馬県

赤城山に抱かれる棚田

赤城山に抱かれるようにゆるやかな棚田が広がる。米作が中心だが、マコモタケの試験栽培などで土地の有効利用を模索する。

DATA ●交通：北関東道伊勢崎ICから車で20分／上毛電鉄粕川駅から徒歩60分 ●特産：赤城山麓棚田の米，マコモタケ ●直売：粕川特産物直売所0272-85-6041／新里町農産物等直売所0277-74-4100 ●食事：小平の里狸穴亭0277-73-2006 ●体験宿：民宿 しおざわ（養蚕古農家）0279-54-3040 ●車ナビ：261099628*13（木の実幼稚園）

オススメ宿
(朝日旅行)〔赤城滝沢温泉〕滝沢館（日本秘湯を守る会）027-283-5711
(JTB)〔梨木温泉〕梨木館 0277-96-2521

21 秋畑那須(あきはたなす)(甘楽町) 群馬県

「ちぃじがき」の里

傾斜地に「ちぃじがき」と呼ぶ小石を積んだ石垣と段々畑。放棄畑の活用と地域活性化を図るそば打ち体験・オーナー制が好評だ。

DATA ●交通：上信越道富岡ICより車で25分/上信電鉄上州福島駅から車で30分 ●特産：ソバ,コンニャク,ネギ ●直売＆食事：甘楽町物産センター 0274-74-5445 ●食事：ちぃじがき蕎麦の館「那須庵」0274-74-9070 ●体験宿：甘楽ふるさと館 0274-74-2660/那須の里 0274-74-9506 ●車ナビ：247343099*00（那須大橋）

オススメ宿 朝日旅行 〔下仁田温泉〕清流荘（日本秘湯を守る会）0274-82-3077

22 風布(ふうぷ)(寄居町)

埼玉県

関東

ミカン栽培400年超す

山に囲まれた丘陵地。温暖で、ミカン栽培は400年を超す歴史を誇る。風布川にはサンショウウオが生息。年中花が咲く桃源郷。

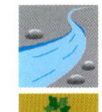

DATA ●交通:関越道花園IC経由皆野寄居有料道路寄居風布ICからすぐ/JR八高線寄居駅から車で10分 ●特産:ミカン,ソバ ●食事:日本の里風布館 048-581-5341 ●直売:皆野観光農園村直売所 0494-62-3501/JAふかや寄居直売所 048-581-1896 ●体験宿:民宿 自然郷東沢(藍染体験)0494-24-0800/西谷津温泉宮本の湯 0494-75-2272 ●車ナビ:150678041*01(風布館)

オススメ宿
(朝日旅行)〔長瀞〕養浩亭 0494-66-3131
(JTB)〔長瀞〕長生館 0494-66-1113

23 三富新田（所沢市・三芳町） 埼玉県

江戸期の地割り生かす

江戸時代の開拓地割りをそのまま生かす。間口72メートル、奥行き675メートル。屋敷、畑、雑木林の順に細長く区画された農村集落。

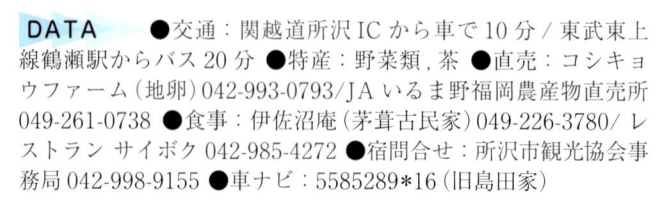

DATA　●交通：関越道所沢ICから車で10分/東武東上線鶴瀬駅からバス20分　●特産：野菜類,茶　●直売：コシキョウファーム（地卵）042-993-0793/JAいるま野福岡農産物直売所049-261-0738　●食事：伊佐沼庵（茅葺古民家）049-226-3780/レストラン サイボク 042-985-4272　●宿問合せ：所沢市観光協会事務局042-998-9155　●車ナビ：5585289*16（旧島田家）

24 結縁寺(けちえんじ)（印西市） 千葉県

首都圏近郊に残る谷津

千葉ニュータウンのすぐ近くにある76ヘクタールの谷津地域。田や畦(あぜ)、斜面林のほかため池などの水辺環境も健在だ。鎮守の森も残る。

DATA ●交通：京葉道路花輪ICから車で30分/北総鉄道千葉ニュータウン中央駅から車で10分 ●特産：米,梨,川魚 ●直売：道の駅 やちよ「農産物直売所クラフト」047-488-3188/印西農産物直売所ふれあいセンター原山店 0476-47-0456 ●食事：レストラン 若鮎（川魚,スッポン）0471-85-2424/木もれ日レストラン 0476-80-0010 ●宿問合せ：印西市観光協会 0476-42-5111 ●車ナビ：533121379*70（結縁寺）

オススメ宿 **JTB**〔成田空港〕ＡＮＡクラウンプラザホテル成田 0476-33-1311

25 平久里下（南房総市）
へぐりしも

千葉県

受け継がれる共有林

丘陵地の農村。地域で共有林をもち、間伐や枝打ちなど管理も行き届く。地域になにかが起きたときの蓄えとして伝わってきた。

DATA　●交通：富津館山道鋸南富山ICから車で15分/JR内房線岩井駅から車で15分　●特産：房総の海・山・里の幸　●食事：食事処ばんや（魚介）0470-55-4844/百姓屋敷じろえむ（茅葺古民家：要予約）0470-36-3872　●直売：道の駅 富楽里とみやま 0470-57-2601/道の駅「三芳村」鄙の里 0470-36-4116　●体験宿：農園民宿 やまげん 0470-57-2111/甚五郎 0470-57-2128/ファームイン南房総・杉田棟 0470-36-2916　●車ナビ：211618389*57（集落）

オススメ宿
朝日旅行　〔館山〕休暇村館山 0470-29-0211
JTB　〔館山〕ホテル洲の崎風の抄 0470-29-0301

26 小野路(おのじ)（町田市）東京都

新しい入会の発想生む

多摩丘陵の歴史環境保全地域とその周辺集落。地元農家の管理組合が都と契約して伝来の農作業を行い、新しい入会(いりあい)の姿を築いた。

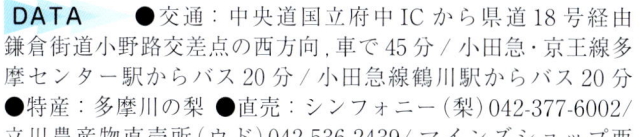

DATA ●交通：中央道国立府中ICから県道18号経由鎌倉街道小野路交差点の西方向、車で45分/小田急・京王線多摩センター駅からバス20分/小田急線鶴川駅からバス20分 ●特産：多摩川の梨 ●直売：シンフォニー（梨）042-377-6002/立川農産物直売所（ウド）042-536-2439/マインズショップ西府店042-360-3416 ●食事：ハーブガーデン モナの丘 042-777-8586 ●車ナビ：2637358*57（小野神社）

オススメ宿 **JTB**〔多摩〕京王プラザホテル多摩 042-374-0111

27 上山口（葉山町）

神奈川県

循環の輪残る農の営み

葉山牛の牧舎のわらで作る堆肥(たいひ)、里山を利用した炭など地区全体に循環の輪が残る。棚田はわき水を使う。竹細工伝承にも熱心。

DATA　●交通：横浜横須賀道横須賀ICから車で5分/JR横須賀線逗子駅よりバス20分　●特産：葉山牛，三浦だいこん，ワカメ　●食事：葉山牛ステーキレストラン 角車 046-878-8002/レストラン KANEDA（地魚）046-886-1721/松輪漁協直営の市場食堂 松輪 046-886-1767　●直売：JAふれあいマーケット 046-857-3178　●宿問合せ：葉山町観光協会 046-876-1111　●車ナビ：8044423*16（棚田入口）

28 藤野町佐野川（相模原市） 神奈川県

山間地に茶畑と土蔵

山地にへばりつく茶畑。霧の発生で上質の茶が生まれるという。今も使われる土蔵が数多く残る。自給自足の里で、ユズも特産品。

DATA ●交通：中央道相模湖ICから車で20分/JR中央本線藤野駅からバス20分 ●特産：茶，ユズ ●食事：やさか茶屋 042-687-4728（要予約） ●里山体験：和田の里みちくさの会 042-687-5151/ふじの里山くらぶ 042-686-6750 ●直売&食事：鳥居原ふれあいの館 042-785-7300（車で50分） ●直売&宿問合せ：藤野観光案内所 042-687-5581 ●車ナビ：23213698*83（県立陣馬自然公園センター）

オススメ宿 JTB 〔相模湖〕旅館陣谷温泉 0426-87-2363

29 片野尾・月布施・野浦(佐渡市) 新潟県

トキの舞う有機の田

海沿いの細い路地や黒瓦の漁業集落、背後の高台にある棚田や畑。棚田では有機栽培も。昨秋、放鳥されたトキがすぐに飛来した。

DATA ●交通：両津港から車で35分 ●定期市：夷(えびす)市・湊(みなと)市0259-27-2111(毎月2,23日夷市・13日湊市) ●直売：JA松ヶ崎店直売コーナー0259-67-2888 ●食事：ボアール妹背(和牛)0259-88-3701 ●体験宿：アトリエハウスあじさい(タライ船体験)0259-86-2077/サンライズ城が浜0259-87-3215 ●車ナビ：864366104*44(野浦伝統芸能伝承館)

オススメ宿 朝日旅行 JTB〔佐渡加茂湖温泉〕湖畔の宿 吉田屋 0259-27-2151

30 松之山・松代（十日町市） 新潟県

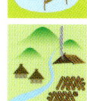

豪雪・棚田・生き物豊か

有数の豪雪地帯。地域全体に手入れの行き届いた棚田がある。ため池も多数あり、絶滅危惧種（きぐ）の水生昆虫が、当たり前にみつかる。

DATA ●交通：関越道塩沢石打ICから車で60分／ほくほく線まつだい駅からバス10分 ●特産：コシヒカリ ●直売：大島青空市場 025-594-3257 ●食事：雪むろそば家 小さな空 025-592-3877 ●体験交流施設：森の学校 キョロロ 025-595-8311 ●体験宿：渋海リバーサイドゆのしま 025-596-3205 ●車ナビ：298059525*16（森の学校）

オススメ宿
- 朝日旅行〔松之山温泉〕凌雲閣（日本秘湯を守る会）025-596-2100
- JTB〔松之山温泉〕ひなの宿 千歳 025-596-2525

31 生地(いくじ)（黒部市）

富山県

黒部川伏流水と海の幸

黒部川の扇状地。街中できれいな水がわき、生活に利用する。富山湾のとれたての海の幸を食べさせる「魚の駅」を漁協が直営。

DATA ●交通：北陸道黒部ICから車で10分/JR北陸本線生地駅から徒歩15分 ●特産：海の幸,黒部米,名水ポーク ●食事：魚の駅 生地「できたて館」0765-57-3567/新川牧場 0765-52-2604/宇奈月麦酒館（黒部川名水使用）0765-65-2277 ●直売：魚の駅 生地「とれたて館」0765-57-0192/魚津ふれあい市「おいで安」0765-24-9924 ●宿問合せ：黒部・宇奈月温泉観光協会 0765-65-0022 ●車ナビ：220485499*32（魚の駅生地）

オススメ宿
朝日旅行〔黒部〕ホテルアクア黒部 0765-54-1000
JTB〔生地温泉〕生地温泉たなかや 0765-56-8003

32 砺波平野散居村（砺波・南砺市）富山県

見渡す限り散居集落

約220平方キロに約7千の散居民家がある。日本を代表する散居集落。「カイニョ」と呼ばれる屋敷林は杉が主で生物も多様。

DATA ●交通：北陸道砺波ICから車で20分/JR城端線砺波駅から車で20分 ●特産：米、チューリップ ●直売：旬菜市場ふくの里0763-22-1147/道の駅 砺波（フラワーランドとなみ）0763-32-9911 ●食事：閑乗寺高原夢木香村「つくしんぼ」（散居村を展望）0763-82-6371 ●体験宿：弥次兵衛（合掌造り：車で40分）0763-66-2639 ●宿問合せ：砺波市観光協会0763-33-7666 ●車ナビ：122446660*03（となみ散居村ミュージアム）

オススメ宿
朝日旅行 〔砺波温泉〕砺波ロイヤルホテル 0763-37-2000
JTB 〔庄川〕鳥越の宿 三楽園 0763-82-1260

33 町野町金蔵(まちのまちかなくら)（輪島市）石川県

能登の山村の隠れ里

ゆるやかに棚田が広がる約160人の集落に五つの寺がある。寺での喫茶店、ブランド米や酒づくりなど住民の地域おこしも盛ん。

DATA　●能登有料道穴水ICを経て能越道（穴水道路）能登空港ICから、または能登空港から車で35分 ●特産:棚田米 ●直売:道の駅 千枚田ポケットパーク 0768-34-1242/内浦ふれあい市場（海産物）0768-72-2115 ●食事:庄屋の館(海の幸:茅茸)0768-32-0372/田舎レストラン 能登牛山田屋 0768-22-1099(要予約) ●体験宿:ペンション窓岩 0768-32-0143/春蘭の宿 0768-67-2541/郷土料理の宿 さんなみ 0768-62-3000 ●車ナビ:552563505*71(慶願寺)

オススメ宿
朝日旅行〔ねぶた温泉〕能登の庄（日本の宿を守る会）0768-22-0213
JTB〔輪島温泉〕輪島温泉八汐 0768-22-0600

34 白峰(しらみね) (白山市)

石川県

今に生きる信仰生活

養蚕全盛期に建った堂々たる家並み。屋内には漆塗りの大黒柱や天井。仏壇に花が絶えず、朝夕読経が流れる。伝統の紬(つむぎ)工房も。

DATA ●交通：JR北陸本線小松駅から車で55分/JR金沢駅からバスで100分 ●直売：三ツ屋野にわか工房 076-255-5930/吉野工芸の里（茅葺屋根の直売所）076-255-5319 ●食事：レストラン 手取川（名物熊料理など）076-255-5159 ●体験宿：ほんものの田舎家 体験民宿 白山里山商店 076-255-5451 ●宿問合せ：白山市観光情報センター 076-273-4851 ●車ナビ：507015496*32（白峰温泉総湯）

オススメ宿
朝日旅行 〔白山温泉〕永井旅館（日本秘湯を守る会）076-259-2339
JTB 〔白山・一里野〕一里野高原ホテルろあん 076-256-7141

35 橋立町(はしたてまち)（加賀市）

石川県

船板を使った住宅群

北前船の船主の集落。地元の砂岩を切り出した精巧な石垣の上に、船板を外壁に使った豪華な屋敷。船板にはフナクイムシの穴も。

DATA　●交通：JR北陸本線大聖寺駅から車で10分／小松空港から車で25分　●直売：栢野大杉茶屋（歴史800年の草だんご屋）0761-78-5489／せせらぎの郷 0761-46-1919　●食事：レストラン レザン 0761-74-5093　●体験宿：温泉民宿 一丸 0776-82-1567（車で40分）　●宿問合せ：加賀市観光協会 0761-72-0600　●車ナビ：120337648*32（北前船の里資料館）

オススメ宿
- 朝日旅行〔山代温泉〕あらや滔々庵 0761-77-0010
- JTB〔山代温泉〕たちばな四季亭 0761-77-0001

36 白山・坂口（越前市） 福井県
しらやま・さかぐち

夢はコウノトリの飛来

「希少野生生物保全指導員」の農家がアベサンショウウオの生息地を保全。コウノトリ飛来を夢みて勉強会や減農薬稲作を始める。

DATA ●交通：JR北陸本線武生駅から車で25分／北陸道武生ICから車で30分 ●直売：みやざき おもいでなファーム0778-32-3545／百姓の館「鯖江店」0778-53-0066 ●食事：ほっと今庄おばちゃんの店（越前そば発祥の地，今庄そば）0778-45-1144 ●体験宿：民宿 けいしん（刺し網など）0778-37-1140 ●宿問合せ：越前市観光・匠の技案内所0778-24-0655 ●車ナビ：200487122*22（白山公民館）

オススメ宿 **JTB**〔勝山市〕ホテルハーヴェストスキージャム勝山 0779-87-0081

37 三方五湖（若狭町）

みかたごこ

福井県

ウメの里で生き物守る

江戸時代からのウメ栽培地。湖はハスなどの希少種が生息。水路と田をつなぐ魚道作りや、水鳥のために冬の田に水を張る活動も。

DATA ●交通：北陸道敦賀ICから車で45分/JR小浜線三方駅から車で5分 ●特産：ウメ,ウナギ,イカ,カニ ●直売：JA三方五湖 梅の里会館（加工見学可）0770-46-1501/縄文プラザ ほのほの市 0770-45-1515/ 農産物直売所たいしたもん屋野木店 0770-62-0282 ●体験宿：漁師の宿 民宿 勇晴（漁体験）0770-46-1654/ 若狭の宿 きよや（梅もぎ体験）0770-46-1511 ●車ナビ：380497627*52（縄文ロマンパーク）

オススメ宿 朝日旅行 〔虹岳島温泉〕虹岳島荘（日本秘湯を守る会）0770-45-0255

38 牧丘・八幡(まきおか・やわた)（山梨市）

山梨県

一面のブドウ畑で生計

牧丘町の高原は一面のブドウ畑。住民は1次産業主体に暮らす。八幡地区にはさらにモモなどの果樹やコメ、古い切妻型の民家も。

DATA ●交通：中央道一宮御坂ICから車で八幡20分,牧丘40分/JR中央本線山梨市駅から車で八幡10分,塩山駅から車で牧丘15分 ●特産：ブドウ,桃,米 ●直売：JAフルーツ山梨フルーツ直売所 0553-23-3914（八幡）/道の駅 花かげの郷まきおか 0553-35-4780（牧丘） ●食事：バーベキューセンター風香亭 0553-23-5111 ●宿問合せ：山梨観光協会 0553-20-1400 ●車ナビ：牧丘 664307500＊71（オーチャードヴィレッジ・フフ＝休業中）/八幡 59743127＊55（窪八幡）

オススメ宿 朝日旅行 〔裂石温泉〕雲峰荘（日本秘湯を守る会）0553-32-3818
JTB 〔塩山〕笛吹川温泉 坐忘 0553-32-0015

39 増富(ますとみ)（北杜市）

山梨県

都市と交流で村おこし

NPOや企業と山里の遊休農地を復活。大学研究室とも連携し、バイオマスや小型水力発電によるエネルギーの自給自足を目指す。

DATA ●交通：中央道須玉ICから車で35分／JR中央本線韮崎駅から車で45分 ●食事：おいしい学校（食をテーマの複合施設）0551-20-7300 ●直売：おいしい市場 0551-42-1177 ●問合せ：北杜市観光課 0551-42-1351 ●車ナビ：537800884*28（みずがきランド）

オススメ宿
- 朝日旅行 〔増富温泉〕観光ホテル金泉閣 0551-45-0511
- JTB 〔増富温泉〕津金楼 0551-45-0711

40 栄村 さかえむら

長野県

雪の秘境は山里博物館

豪雪地帯。秘境・秋山郷を含む。クマ、カモシカなどの動物や山菜、キノコの宝庫。コネバチ、おやきなど、山里の暮らしも保つ。

DATA ●交通：関越道塩沢石打ICから車で50分/上信越道豊田飯山ICから車で40分/JR飯山線森宮野原駅から徒歩3分 ●特産：山菜,キノコ,エゴマ ●食事：森宮野原駅交流館ふきのとう 0269-87-3311 ●直売：栄村物産館「またたび」0269-87-3180 ●体験宿：しなの荘（紙すき体験）025-765-2442 ●宿問合せ：秋山郷観光協会 025-767-2202 ●車ナビ：579864140*52（栄村役場）

オススメ宿 **朝日旅行**〔切明温泉〕雪あかり（日本秘湯を守る会）025-767-2255
JTB〔野沢〕旅館さかや 0269-85-3118

41 小川村（おがわむら）

長野県

癒やしの郷の住民パワー

北アルプスと四季折々の農村風景。「癒やしの郷（さと）」づくりがうたい文句。リンゴ、米、大豆などを生産。住民が率先して圃場（ほじょう）整備。

DATA　●交通：上信越道長野ICから車で40分/JR長野駅からバスで50分　●特産：リンゴ,米,大豆　●直売：さんさん市場 026-269-3582　●食事：道の駅 おがわ「味菜」026-269-3262/お食事処「おかあさんの味たんぽぽ」026-229-2948　●体験宿：ふるさとハウス ビオトープ 026-269-3675　●交流宿泊施設：小川村 星と緑のロマン館 026-269-3789/ 森の宿 林りん館（北アルプス展望の部屋）026-269-3455　●車ナビ：382402610*08（小川村役場）

オススメ宿
- 朝日旅行〔大洞高原〕星と緑のロマン館 026-269-3789
- JTB〔戸隠〕鷹明亭辻旅館 026-254-2337

42 遠山郷・上村下栗(飯田市) 長野県
とおやまごう・かみむらしもぐり

急傾斜に昔からの作物

V字谷に数十戸単位の集落が点在。急斜面で二度芋、アワ、ヒエなど昔からの作物を作る。重文の「霜月祭り」の面や神楽も。

DATA ●交通：中央道飯田ICから車で55分/JR飯田線飯田駅からバスで70分 ●特産：二度芋,アワ,ヒエ ●直売：上村農産物加工直売施設0260-36-2210/特産物販売所くまぶし0260-34-5605 ●食事：村の茶屋（古民家）0260-36-2888/お食事処はんば亭0260-36-1005（土日営業）●体験宿：山村体験の家 あしかが民宿0260-32-2398 ●宿問合せ：遠山郷観光協会0260-34-1071 ●車ナビ：625491050*31（上村自治振興センター）

オススメ宿
朝日旅行〔飯田上村〕ハイランドしらびそ 0260-36-2301
JTB〔天竜峡温泉〕"奥天竜"不動温泉佐和屋 0265-59-2122

43 根羽村(ねばむら)

長野県

林業一途で杉を育てる

矢作川の源流。年間2千ミリ超の雨が降り、杉がよく育つ。林業経営が難しい時代にも木を育て、今、森林組合は無借金・黒字経営。

DATA ●交通:東名道名古屋ICから車で90分/中央道恵那ICから車で60分/JR飯田線飯田駅から飯田バスセンター徒歩12分,バスセンターから阿智村乗換え75分 ●特産:大杉そば,大杉豆富(とうふ) ●交流複合施設:ネバーランド(ふるさとレストラン,直売所,宿泊施設,多目的ホール) 0265-49-2880 ●宿問合せ:根羽村観光協会 0265-49-2111 ●車ナビ:368295811*75(根羽村役場)

44 神岡町山之村（飛騨市）岐阜県

辺地の里に板倉ずらり

辺境に七つの集落計70戸。そのどの家にも全面が板造りの伝統的な倉庫「板倉（いたくら）」が残る。「寒干しだいこん」作りに力を入れる。

DATA ●交通：北陸道富山ICから車で105分／中央道松本ICから車で165分／東海北陸道飛騨清見ICから車で140分／JR高山本線飛騨古川駅からバス45分で神岡，神岡から車で30分 ●特産：飛騨春慶塗り ●総合施設：スカイドーム神岡（道の駅，レストラン，軽食，物産コーナー）0578-82-6777 ●宿問合せ：飛騨市観光協会 0577-74-1192 ●車ナビ：678135871*12（山之村小中学校）

オススメ宿
朝日旅行 〔福地温泉〕湯元長座（日本秘湯を守る会）0578-89-0099
JTB 〔福地温泉〕元湯孫九郎 0578-89-2231

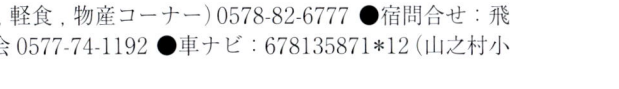

45 石部(いしぶ)（松崎町） 静岡県

トラストで棚田を維持

富士山を望む半農半漁の里。海に面して石組みの棚田が広がる。棚田トラストで耕作放棄地がよみがえった。海ではイセエビ漁も。

DATA ●交通：東名道沼津ICから車で120分/伊豆急下田駅から松崎までバスで50分あるいは伊豆急蓮台寺駅から松崎まで特急バスで33分，松崎から石部まで車で10分 ●特産：棚田米，イセエビ ●食事：加増野ポーレポーレ（そば打ち体験有）0558-28-0002 ●直売：桜田よりみち売店 0558-43-1900/道の駅花の三聖苑伊豆松崎 0558-42-3420 ●宿問合せ：松崎町観光協会 0558-42-0745 ●車ナビ：248181230*51（集落入口）

オススメ宿 朝日旅行〔雲見温泉〕かわいいお宿 雲園（日本秘湯を守る会）0558-45-0441 JTB〔伊豆大沢〕大沢温泉ホテル 0558-43-0121

46 川根本町(かわねほんちょう)

静岡県

森林認証で環境に配慮

大井川中流域の茶と林業の里。樹林に囲まれた小規模な茶畑が多く点在する。森林認証（FSC）を取得するなど環境への配慮も。

DATA ●交通：東名道袋井ICから車で100分／東名道焼津ICから車で70分／島田市から車で60分／JR東海道線金谷駅で大井川鉄道乗換え駿河徳山駅まで60分，駅から車で5分 ●特産：川根茶 ●交流施設：フォーレなかかわね茶茗舘（川根茶を味わう，買う）0547-56-2100 ●宿：ウッドハウスおろくぼ0547-56-1100 ●宿問合せ：川根本町まちづくり観光協会0547-59-2746 ●車ナビ：438460185*25（川根本町役場）

オススメ宿 朝日旅行 JTB 〔寸又峡〕奥大井観光ホテル翠紅苑0547-59-3100

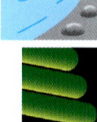

47 川売(かおれ)（新城市）

愛知県

梅林が集落包む桃源郷

1500本の梅林が15戸の集落を包む。梅干は特産品となった。山に炭焼きの風景が残る。梅林を流れる川にはアマゴも生息。

DATA　●交通：東名道豊川ICから車で60分／JR飯田線本長篠駅から車で25分　●特産：梅干　●直売：まんぼ〜稲目（地元特産の梅干が安い：電話なし，場所は稲目トンネル手前）／こんたく長篠（鳳来牛，自然署）0536-32-0002　●宿問合せ：新城市観光協会 0536-32-0022　●車ナビ：301369340*32（川売公会堂）

オススメ宿　朝日旅行　JTB　〔湯谷温泉〕湯谷観光ホテル泉山閣 0536-32-1535

48 佐久島(さくしま)(一色町)

愛知県

黒壁続く半農半漁の島

三河湾に浮かぶ半農半漁の島。コールタールを壁面に塗った木造の家並みが続く。自生のスイセンやハマダイコンなど植生も多様。

DATA ●交通：東名道岡崎ICまたは音羽蒲郡ICから車で一色渡船場まで50分，名鉄蒲郡線吉良吉田駅から車で一色渡船場まで10分，一色渡船場から佐久島(西港)まで船で30分 ●特産：アサリ ●直売＆食事：一色さかな広場(魚介類：本土)0563-72-3700 ●直売：東港に無人市(野菜類)あり／グリーンセンター一色店 0563-72-0010(本土) ●宿問合せ：佐久島振興室 0563-72-9607 ●車ナビ：196499644*00(弁天サロン)

オススメ宿 朝日旅行 JTB 〔蒲郡竹島〕蒲郡プリンスホテル 0533-68-1111

49 須賀利町（尾鷲市）

三重県

海から山へ瓦屋根壮観

瓦屋根の古い民家約200戸が、海から山へびっしり張り付く風景は壮観。昔ながらの漁村の姿が残る。いまはタイの養殖が中心。

DATA ●交通：紀勢道紀勢大内山ICから車で80分/JR紀勢本線尾鷲駅から車で40分/尾鷲港から須賀利港まで船で20分（1日往復4便,日曜運休）●特産：養殖マダイ ●直売：道の駅 海山 0597-32-1661 ●体験宿：民宿 さざなみ 0597-49-3202（車で35分）●宿問合せ：尾鷲観光物産協会 0597-23-8261/紀北町観光協会 0597-46-3555 ●車ナビ：331347877*13（尾鷲市役所出張所）

オススメ宿 朝日旅行 JTB 〔紀北町〕ホテル季の座 0597-46-2111

50 浅里(あさり)(紀宝町) 三重県

川が生活道だった山里

山の斜面に約50戸の家々が石垣を築いて身を寄せ合う。かつては川舟が交通手段。川と石垣集落の間の水田も調和がとれている。

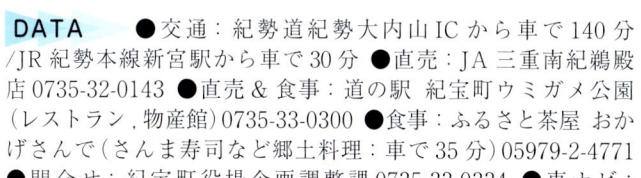

DATA　●交通：紀勢道紀勢大内山ICから車で140分/JR紀勢本線新宮駅から車で30分　●直売：JA三重南紀鵜殿店0735-32-0143　●直売＆食事：道の駅 紀宝町ウミガメ公園（レストラン,物産館）0735-33-0300　●食事：ふるさと茶屋 おかげさんで（さんま寿司など郷土料理：車で35分）05979-2-4771　●問合せ：紀宝町役場企画調整課0735-33-0334　●車ナビ：246306495*77（飛雪の滝キャンプ場）

オススメ宿　朝日旅行〔新宮市〕新宮ユーアイホテル 0735-22-6611

51 白王・円山(しらおう・まるやま)（近江八幡市）滋賀県

ヨシを生かす水郷

ヨシ原特有の湿地生態系が残る琵琶湖最大の内湖、西の湖の北西にある。ヨシ産業が昔から続き、湖中の島には舟で通う水田も。

DATA ●交通：名神道八日市ICから車で30分/JR東海道本線近江八幡駅からバスで20分 ●特産：水郷の産物 ●直売：びわこだいなか 愛菜館 0748-33-3580/ やさいの里 0749-28-1238 ●食事：鮎家の郷（鮎料理，鴨料理）077-589-3999 ●公共宿：近江八幡ユースホステル（木造の歴史的建造物）0748-32-2938 ●宿問合せ：近江八幡観光物産協会 0748-32-7003 ●車ナビ：67851669*65（円山バス停）

オススメ宿
(朝日旅行)〔近江八幡〕ホテルニューオウミ 0748-36-6666
(JTB)〔彦根〕料亭旅館やす井 0749-22-4670

52 甲南町杉谷新田（甲賀市）滋賀県

畦道美しい県境の集落

三重県境の約20戸の集落。田畑はよく管理され、畦は常に草刈りされて美しい。動植物も多様で自然豊か。東海自然歩道が通る。

DATA　●交通：新名神道甲南ICから車で10分/JR草津線甲南駅から車で15分 ●直売＆食事：道の駅 あいの土山 0748-66-1244 ●直売：JA甲賀郡花野果市 0748-62-0711 ●体験宿：山本きのこ山荘 0595-20-1800（車で45分）●宿問合せ：甲賀市観光協会 0748-65-0708 ●車ナビ：453241197*60（五十鈴神社）

オススメ宿
朝日旅行 〔水口〕水口センチュリーホテル 0748-63-2811
JTB 〔大津〕旅亭紅葉 077-524-8111

53 伊根湾の舟屋群（伊根町）京都府

舟とともに暮らす里

穏やかな湾を囲むように約230軒の舟屋がある。1階が舟の格納庫、2階が居室などに使われる。伊根浦は漁が常に暮らしの中心にある。

DATA ●交通：京都縦貫道宮津天橋立ICから車で45分/北近畿タンゴ鉄道宮津線天橋立駅からバスで70分 ●食事：筒川そばのお店KaRaよもぎ0772-33-0818/浦嶋公園龍宮庵0772-33-5225/舟屋の里伊根0772-32-0680 ●直売：お土産物店「伊根浦漁業」0772-32-0685/宇川温泉よし野の里農林水産物直売所（○の会）0772-76-1000 ●体験宿：港屋0772-33-0407 ●車ナビ：652605578*67（道の駅 舟屋の里伊根）

オススメ宿 〔朝日旅行〕〔天橋立温泉〕文珠荘松露亭（日本の宿を守る会）0772-22-2151 〔JTB〕〔間人（たいざ）〕お宿炭平 0772-75-0005

54 上世屋（かみせや）（宮津市）

京都府

笹ぶき屋根の技術継ぐ

十数戸の集落。住民がネットワークを組んで地域の活性化を目指す。笹ぶきなどの伝統技術も伝承。棚田とブナ林、湿原も魅力。

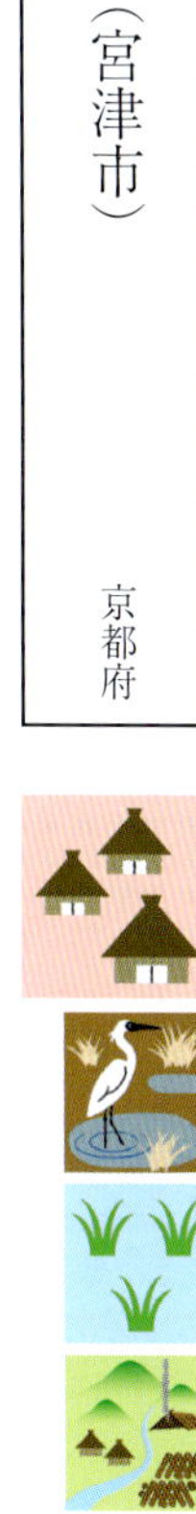

DATA　●交通：京都縦貫道宮津天橋立ICから車で50分／北近畿タンゴ鉄道天橋立駅からバスで日置乗換えで60分　●食事：ペンション自給自足0772-27-1741　●直売：常吉（つねよし）村営百貨店0772-68-1819　●交流宿泊：世屋高原家族旅行村 いーポート世屋（ブナ林と眼下に若狭湾）0772-27-0795　●車ナビ：197502205*56（上世屋バス停）

オススメ宿
朝日旅行〔宮津温泉〕茶六別館（日本の宿を守る会）0772-22-2177
JTB〔天橋立〕天橋立ホテル 0772-22-4111

55 越畑・樒原（京都市）

京都府

棚田と花と清流の里山

愛宕山麓の棚田と清流が美しい。里の花や夕日を狙い訪れるカメラマンも多い。村おこしなどの活動に積極的な住民が多い。

DATA ●交通：京都縦貫道千代川ICから車で30分/JR山陰本線八木駅からバスで45分または車で20分 ●特産：ソバ，酒米 ●直売＆食事：越畑フレンドパークまつばら（リンゴ，ソバ：そば打ち可）0771-44-2700 ●食事：農村環境公園 氷室の郷 0771-43-1128 ●体験宿：ほん梅の里 0771-26-3087（車で30分）●車ナビ：344028341*66（越畑フレンドパーク まつばら）

オススメ宿
- 朝日旅行 〔嵐山温泉〕渡月亭（日本食文化を守る会）075-871-1310
- JTB 〔嵐山温泉〕嵐山温泉彩四季の宿 花筏 075-861-2822

56 長谷（能勢町） 大阪府

棚田とチョウと浄瑠璃

「ガマ」と呼ぶ独特の石組み用排水路を持つ棚田が特徴。ミドリシジミ類のチョウを保全。町には浄瑠璃が200年以上伝わる。

DATA ●交通：阪神高速11号池田線池田木部出口から車で40分/能勢電鉄山下駅から車で20分、またはバスで20分さらに徒歩30分 ●特産：エコ米,赤シソ,大甘青とう ●直売：de愛・ほっこり見山の郷（赤シソ,里の農産物）072-649-3328/能勢町観光物産センター072-731-2626 ●食事：ペンションきのこ園072-769-0760 ●宿問合せ：能勢町役場072-734-0001 ●車ナビ：52450661*33（長谷公民館）

オススメ宿
朝日旅行 〔宝塚温泉〕ホテル若水 0797-86-0151
JTB 〔伏尾〕不死王閣 072-751-3540

57 穂谷（枚方市） 大阪府

都市のはざまの雑木林

市の南東部にあり、棚田やため池、雑木林などの里山景観が残る。小動物も多く生息し、絶滅危惧種を含む山野草も多い。

DATA ●交通：第二京阪道枚方東ICから車で10分/近鉄京都線新田辺駅からバス15分/JR片町線津田駅からバス20分/京阪枚方市駅からバス35分、穂谷下車 ●直売：穂谷ふれあい市（穂谷の農産物）072-858-8044 ●食事：農園 杉・五兵衛（園内で栽培・収穫した食材）072-858-0070 ●宿問合せ：枚方市観光協会 072-804-0033 ●車ナビ：11733690*01（穂谷公民館）

オススメ宿 JTB〔東大阪〕ホテルセイリュウ 072-981-5001

58 円山川流域（豊岡市）兵庫県

コウノトリの餌場保全

行政・市民団体・住民がコウノトリの餌場となる湿地や耕作放棄田の修復・保全に取り組む。コリヤナギが材料の杞柳細工も続く。

DATA ●交通：JR山陰本線豊岡駅から車で5分/中国道または山陽道から播但連絡道経由和田山ICから車で60分 ●特産：米 ●直売：コウノトリの郷朝市友の会 0796-22-6895/但馬漁協直営フィッシャーマンズビレッジ 0796-28-3148 ●食事：すのたにや 0796-48-0719（要予約）/茶屋あそび石 0772-84-0647 ●体験宿：民宿 はし本 0796-28-2834/ファームハウスのの花 0796-28-3237 ●車ナビ：194733892*21（県立コウノトリの郷公園）

オススメ宿
- 朝日旅行 〔城崎温泉〕西村屋本館（日本の宿を守る会）0796-32-2211
- JTB 〔城崎温泉〕大西屋水翔苑 0796-32-4571

59 黒川(くろかわ) (川西市)

兵庫県

輪伐で菊炭づくり

茶道などに使う一庫炭(菊炭)の産地。輪伐により林齢1～10年のクヌギなどがモザイク状の里山景観をつくる。昆虫の宝庫。

DATA ●交通:阪神高速11号池田線池田木部出口から車で30分/能勢電鉄妙見口駅から車で5分 ●特産:菊炭 ●直売:JA兵庫六甲「四季の郷」072-791-1312 ●食事:しゃらん・ど・らーは(ピザ,自家有機農場)072-737-0412/犬甘野風土館季楽(そば)0771-27-2300/中政園(鍋,バーベキュー:要予約)072-739-0895 ●宿問合せ:川西市観光協会072-740-1161 ●車ナビ:52308784*72(黒川公民館)

オススメ宿 **朝日旅行**〔宝塚〕宝塚ホテル 0797-87-1151
JTB〔宝塚〕ホテル若水 0797-86-0151

60 深野(ふかの)(宇陀市)

奈良県

ササユリ守る県境の里

三重県名張市を一望する山腹に棚田が広がり、住民総出で植えた彼岸花やアジサイが咲く。ササユリ保護やビオトープ作りも進む。

DATA　●交通：名阪国道小倉ICから車で15分／近鉄大阪線赤目口駅から車で15分　●特産：室生茶,本葛　●直売：道の駅 宇陀路室生「こもれび市場」0745-92-5072　●食事：笠そば処 荒神の里（荒神そば）0744-48-8410　●交流施設：宇陀市心の森多世代交流プラザ「大宇陀温泉 あきののゆ」（立寄り湯）0745-83-4126　●宿問合せ：宇陀市観光連盟 0745-82-2457　●車ナビ：131035143*65（神明神社）

オススメ宿
朝日旅行　〔室生〕橋本屋 0745-93-2056
JTB　〔初瀬〕井谷屋 0744-47-7012

61 奥明日香（明日香村）奈良県

よみがえれ飛鳥原風景

飛鳥川の源流域。稲淵は棚田が美しく、栢森(かやのもり)では川と農地と雑木林が混在する原風景を取り戻す活動が続く。神事なども受け継ぐ。

DATA ●交通：南阪奈道葛城ICから車で40分/近鉄吉野線飛鳥駅から周遊・循環バスを乗り継ぎ30分 ●特産：古代米 ●直売：あすか夢販売所（古代米,野菜,果物）0744-54-5670 ●食事：農村レストラン 夢市茶屋（石舞台公園を眺めながら）0744-54-9450/奥明日香さらら 0744-54-5005 ●公共宿：国営飛鳥歴史公園内 祝戸荘 0744-54-3551 ●宿問合せ：明日香村役場総務課 0744-54-2001 ●車ナビ：36384688*62（栢森バス停）

オススメ宿
- 朝日旅行〔橿原〕橿原ロイヤルホテル 0744-28-6636
- JTB〔多武峰〕多武峰観光ホテル 0744-49-0111

62 桑畑果無(くわはたはてなし)（十津川村）

奈良県

熊野古道沿いに石仏

熊野古道小辺路、果無峠近くの小集落。急斜面の田畑を耕し自給自足で暮らす。古道沿いに観音石仏と供花。眼下は十津川温泉。

DATA ●交通:新宮市から車で70分/五條市から車で110分/近鉄橿原線大和八木駅からバスで240分/南紀白浜空港から車で130分 ●特産：アマゴ,アマゴ料理 ●直売：十津川村特産物直売所0746-64-0301/道の駅 十津川郷 0746-63-0003 ●総合施設:昴の郷(ホテル昴 0746-64-1111,レストラン 石楠花 0746-64-1111,日帰り温泉施設,温泉プール,野外劇場) ●宿問合せ：十津川村観光協会 0746-63-0200 ●車ナビ：478675262*67（ホテル昴）

オススメ宿 朝日旅行〔湯泉地温泉〕やど湯の里(日本秘湯を守る会)0746-63-0020
JTB〔十津川〕湖泉閣吉乃屋 0746-64-0012

63 天野（あまの）（かつらぎ町）

和歌山県

紀伊山地霊場の史跡

1600年の歴史をもつ。高野山参拝の表参道で史跡、文化財が保護されている。田園風景に里の豊かさ・ぬくもりを感じる。

DATA ●交通：阪和道泉南ICから車で60分/JR和歌山線笠田駅からバスで30分・妙寺駅から車で15分 ●特産：コンニャク ●直売：こんにゃくの里 0736-22-3432/都市と農村交流施設「柿の茶屋」0736-22-7024/道の駅 紀の川万葉の里（食事も）0736-22-0055 ●食事：こんにゃく工房 0736-22-3433 ●宿問合せ：かつらぎ町観光協会 0736-22-0300 ●車ナビ：205632149*55（丹生都比売神社）

オススメ宿
朝日旅行 〔高野山〕宿坊 桜池院 0736-56-2003
JTB 〔高野山〕高野山温泉福智院 0736-56-2021

64 口色川（那智勝浦町）
くちいろがわ

和歌山県

移住者受け入れ里守る

町の中心から車で40分。山懐に約60世帯130人が暮らす。色川地域全体で移住者を数多く受け入れ、里の暮らしを守る。

DATA ●交通：阪和道南紀田辺ICから車で175分/紀勢本線那智駅からバスで45分・車で35分 ●特産：茶 ●直売：色川よろず屋（色川茶,野菜,卵）0735-56-0500/那智駅交流センター0735-52-9201 ●体験宿：みなみ野フィールズ不動坂 0735-52-6176 ●宿問合せ：那智勝浦町観光協会0735-52-5311 ●車ナビ：776658130*02（町営バス口色川バス停）

オススメ宿
- 朝日旅行 〔勝浦温泉〕ホテル中の島 0735-52-1111
- JTB 〔勝浦温泉〕万清楼 0735-52-0033

65 別所・国信（湯梨浜町）鳥取県

里山を包む二十世紀梨

集落と周辺の里山に、手入れの行き届いた梨園（なし）が広がる。土蔵や生け垣などを備える落ち着いた家並みが山沿いに続く。

DATA ●交通：中国道院庄ICから車で70分／JR山陰本線松崎駅から車で5分 ●特産：梨 ●直売：JA鳥取中央「農産物直売所 ハワイ夢マート」0858-35-3535／道の駅 はわい（海産物, 農産物）0858-35-3933 ●食事：とちの館 喫茶マロニエ（集落の山で採れるトチの実料理）0858-43-2950 ●宿問合せ：はわい温泉・東郷温泉旅館組合 0858-35-4052 ●車ナビ：345394807*81（長栄寺）

オススメ宿
- 朝日旅行〔三朝温泉〕旅館大橋 0858-43-0211
- JTB〔三朝温泉〕依山楼岩崎 0858-43-0111

66 西谷新田（にしだにしんでん）（智頭町）

鳥取県

自立を目指す林業地

集落を丸ごとNPOにして元気な「自治体」を目指す。勉強会や市民生協との交流事業などを継続。里山のスギ林は明るく健やか。

DATA ●交通：中国道を経て鳥取道智頭南ICから車で10分／JR因美線智頭駅乗換え智頭急行山郷駅から車で5分 ●特産：杉 ●体験：杉玉工房（杉玉づくり：要予約）0858-75-2345 ●直売：あわくらんど青空市 0868-79-2331 ●食事：清流の里 新田 0858-75-1994／火間土（カマド）（古民家：日曜営業）0858-75-1229／あわくら旬の里 0868-79-2882 ●宿問合せ：智頭町観光協会 0858-76-1111 ●車ナビ：390468606*45（新田浄瑠璃の館）

オススメ宿
- **朝日旅行**〔鳥取〕ホテルニューオータニ鳥取 0857-23-1111
- **JTB**〔鳥取〕観水庭こぜにや 0857-23-3311

67 西ノ島(にしのしま)（西ノ島町）

島根県

放牧で保つ草地景観

今も盛んな牛馬の放牧で草地景観を保つ。近年まであった畑作と放牧を組み合わせた伝統的な輪作（牧畑(まきはた)）を再評価する動きも。

DATA ●交通：山陰道米子ICから七類港まで車で45分, 七類港から西ノ島別府港までフェリーで155分・高速船で125分, 別府港から車で10分 ●特産：鯛, サザエなどの魚介類, 牛 ●宿問合せ：西ノ島町観光協会 08514-7-8888 ●車ナビ：673614709*24（西ノ島町役場）

オススメ宿
- 朝日旅行 〔浦郷〕ホテル国賀荘 08514-6-0301
- JTB 〔隠岐島前〕リゾ隠岐ロザージュ 08514-6-1000

68 斐川町(ひかわちょう)

島根県

機能美を誇る築地松

洪水と風を防ぐためのクロマツの高生け垣「築地松(ついじ)」はこの地独特。定期的な枝切りで機能美を保ち、保全機運も高まっている。

DATA ●交通：山陰道斐川ICから車で15分/JR山陰本線直江駅から車で5分 ●特産：斐川たまねぎ，出西しょうが，花，シジミ ●伝統：原鹿の旧豪農屋敷（築地松の典型的な屋敷構え）0853-72-9747 ●直売：グリーンセンター 野菜と花の100円いちば 0853-73-9070 ●食事：道の駅 湯の川（足湯，花直売，レストラン）0853-73-9327 ●宿問合せ：斐川町観光協会 0853-72-5270 ●車ナビ：134548231*35（原鹿の旧豪農屋敷）

オススメ宿
- 朝日旅行〔松江しんじ湖温泉〕ホテル一畑 0852-22-0188
- JTB〔松江しんじ湖温泉〕なにわ一水 0852-21-4132

69 阿波（あば）(津山市)

岡山県

山懐にサンショウウオ

中国山地のふところに位置する盆地で、木地師の里としても栄えた。茅(かや)ぶき民家も残り、渓谷の川にはオオサンショウウオも生息。

DATA ●交通：中国道津山ICから車で30分/JR因美線美作河井駅から車で5分 ●特産：地味噌、もえぎ豆腐、山菜加工品、木工・竹細工品 ●伝統：大高下ふるさと村 阿波民具展示館（茅葺民家が多い地域）0868-46-2011 ●直売＆食事＆宿泊：もえぎの里 あば交流館 0868-46-7111 ●直売：かもふれあい市 0868-42-5055 ●宿問合せ：津山市観光センター 0868-22-3310 ●車ナビ：544268054*44（津山市役所阿波支所）

オススメ宿
- 朝日旅行 〔津山〕津山国際ホテル 0868-23-1111
- JTB 〔湯郷〕湯郷グランドホテル 0868-72-0395

70 真鍋島（笠岡市）

まなべしま

岡山県

黒壁の家並み続く漁村

瓦ぶきの焼き板を使った黒塀の家並みが続く漁村集落。ゴーヤを使った特産品づくりで島おこしに励む。島の名は水軍に由来する。

DATA　●交通：山陽道笠岡ICから車で10分あるいはJR山陽本線笠岡駅から徒歩10分の笠岡港から高速船で45分　●食事：活魚料理 漁火（りょうか）0865-68-3519（要予約）　●体験宿：漁師の家 たきおか（笠岡諸島の高島, 漁師体験）0865-67-2280　●宿泊：島内に数軒有　●宿問合せ：笠岡市観光連盟 0865-69-2147　●車ナビ：465384201*03（真鍋島ふるさと村資料館）

オススメ宿
朝日旅行　〔福山〕福山ニューキャッスルホテル 084-922-2121
JTB　〔鞆〕ホテル鴎風亭 084-982-1123

71 因島重井町（尾道市） 広島県

「花の島」の復活図る

白滝山と五百羅漢の石仏群がシンボル。多くの島々を望む景観は歌人を魅了。山すそを除虫菊が白く埋めた「花の島」復活を図る。

DATA ●交通：JR山陽新幹線新尾道駅・JR山陽本線尾道駅から西瀬戸道（瀬戸内しまなみ海道）因島北ICまで車で25分またはバスで50分，因島北ICから車で5分 ●特産：除虫菊，八朔（発祥の地），干しダコ ●施設：因島フラワーセンター（花の島のシンボル的施設：有料）0845-25-1187 ●宿問合せ：因島観光協会 0845-26-6111 ●車ナビ：48033076*63（因島フラワーセンター）

オススメ宿
朝日旅行 〔尾道〕尾道国際ホテル 0848-25-5931
JTB 〔瀬戸田〕つつ井 0845-27-2221

72 八幡湿原(やわたしつげん)（北広島町）広島県

のどかに田と湿原同居

山間の盆地に大小20の湿原が点在する。水田と湿原が同居し、のどかな田園風景が広がる。茅(かや)ぶきの農家も残り、木々も豊かだ。

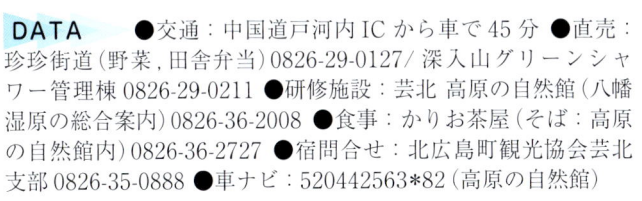

DATA　●交通：中国道戸河内ICから車で45分　●直売：珍珍街道（野菜,田舎弁当）0826-29-0127／深入山グリーンシャワー管理棟 0826-29-0211　●研修施設：芸北 高原の自然館（八幡湿原の総合案内）0826-36-2008　●食事：かりお茶屋（そば：高原の自然館内）0826-36-2727　●宿問合せ：北広島町観光協会芸北支部 0826-35-0888　●車ナビ：520442563*82（高原の自然館）

オススメ宿
朝日旅行 〔広島〕ホテルグランヴィア広島 082-262-1111
JTB 〔三段峡〕三段峡ホテル 0826-28-2308

73 祝島(いわいしま)（上関町）

山口県

耕作放棄地で放牧養豚

自ら生態系を守り、1次産業再生に努めることを自治会規則で確認。無農薬のビワ栽培、野菜くずなど島内の資源で豚も飼う。

DATA ●交通：山陽道玖珂ICまたは熊毛ICから車で50分の室津港から船で40分/JR山陽本線柳井港駅から徒歩5分の柳井港から船で70分 ●特産：ビワ,ビワ茶,ミカン,サヨリ生干し,ワカメ ●特産販売：祝島市場 0820-66-2538（通販） ●直売：ひらお特産品センター 0820-56-1093（本土）/田布施地域交流館 0820-51-0222（本土） ●宿問合せ：上関町観光協会 0820-62-1093 ●車ナビ：749434031*28（祝島港）

オススメ宿
- 朝日旅行 〔柳井〕柳井クルーズホテル 0820-23-6000
- JTB 〔周防大島〕周防大島温泉ホテル大観荘 0820-74-2555

74 米川東部地区（下松市）山口県

生き物との共生めざす

ナベヅルのねぐら整備、子どもとのホタル増殖、独居老人の安全確認ポストなど、人と生き物を大切にする地域づくりを進める。

DATA ●交通：山陽道徳山東ICから車で20分/JR岩徳線周防花岡駅から車で15分 ●地域拠点：米川公民館（鶴のねぐらの整備,蛍の増殖などの地域活動の拠点：旧米川小学校）0833-53-0001 ●直売：グリーンバル産直野菜市 0827-84-1075 ●宿問合せ：下松市観光協会 0833-45-1841 ●車ナビ：107585224*74（下松市役所米川出張所）

オススメ宿
- 朝日旅行 〔岩国〕岩国国際観光ホテル 0827-43-1111
- JTB 〔湯田温泉〕松田屋ホテル 083-922-0125

75 徳地串（とくぢくし）（山口市）

山口県

支え合って里を持続

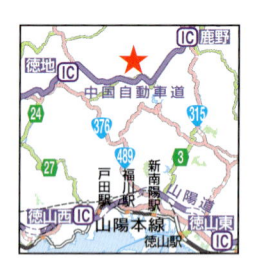

田園景観が整った山間地農村。独居老人に声を掛け合うなど地域福祉に力を入れる。県立大の実習受け入れや野菜直販の活動も。

DATA　●交通：中国道徳地ICから車で20分／山陽道徳山西ICから車で45分／JR山陽本線徳山駅から車で60分 ●直売：特産品販売所「南大門」0835-52-1772（徳地の紹介）●食事：味工房食彩（山村開発センター内）0835-52-0884／伊賀地の郷・味工房 0835-52-0886 ●直売：いいとこ徳地 0835-52-0875（土日祝日営業）／山里農産加工販売所 0835-58-0711（金〜日営業）　●宿問合せ：徳地観光協会 0835-52-1737 ●車ナビ：358102205*37（串公民館）

オススメ宿　朝日旅行〔湯田温泉〕ホテルニュータナカ 083-923-1313
JTB〔湯田温泉〕西の雅常盤 083-922-0091

76 八重地(やえじ)(上勝町)

徳島県

山間地に広がる田んぼ

料理に添える葉っぱビジネスで名高い町。ブナ原生林の残る高丸山を仰ぐ地区には、小高い丘に田が開け、スダチの畑も広がる。

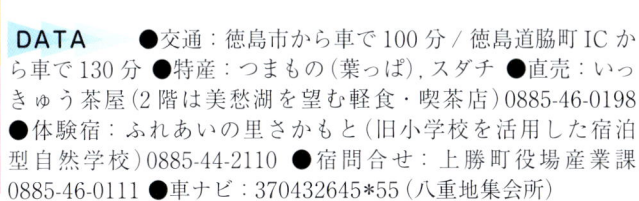

DATA ●交通：徳島市から車で100分／徳島道脇町ICから車で130分 ●特産：つまもの(葉っぱ)、スダチ ●直売：いっきゅう茶屋(2階は美愁湖を望む軽食・喫茶店)0885-46-0198 ●体験宿：ふれあいの里さかもと(旧小学校を活用した宿泊型自然学校)0885-44-2110 ●宿問合せ：上勝町役場産業課 0885-46-0111 ●車ナビ：370432645*55(八重地集会所)

オススメ宿
(朝日旅行)〔徳島〕ホテルクレメント徳島 088-656-3111
(JTB)〔徳島〕徳島グランヴィリオホテル 088-624-1111

77 大神高開(おおがみたかがい) (吉野川市) 徳島県

実り豊か、石垣の段々畑

山肌の景観を織りなす石垣の段々畑に圧倒される。石垣そのものに健康や農耕の神がまつられている。農作物は多品種を誇る。

DATA ●交通：徳島道脇町ICから車で20分／JR徳島線阿波山川駅から車で10分 ●特産：ニンニク,梅干,スダチ ●研修館：美郷ほたる館 0883-43-2888（有料） ●直売：梅とほたるの村 みさと屋 0883-26-7888 ●宿問合せ：吉野川市商工観光課 0883-22-2226 ●車ナビ：160076264*62（美郷ほたる館）

オススメ宿
朝日旅行 〔徳島〕ホテルクレメント徳島 088-656-3111
JTB 〔徳島〕阿波観光ホテル 088-622-5161

78 中山（なかやま）（小豆島町）

香川県

湧水の里で歌舞伎伝承

湯船山の湧水が棚田を育てる。貴重な水は竜神信仰に結びつき、ため池文化を育んだ。清流にはホタルが舞う。農村歌舞伎も伝承。

DATA ●交通：JR高松駅から高松港まで徒歩5分、高松港から小豆島土庄港までフェリーで30分、港から車で20分またはバスで25分 ●特産：オリーブ・ハーブ製品、素麺、電照菊 ●直売：小豆ふれあい産直市場 0879-61-3220 ●体験宿：コスモイン有機園（農業体験）0879-62-4221 ●宿：国民宿舎 小豆島（体験学習あり）0879-75-1115 ●宿問合せ：小豆島町役場商工観光課 0879-82-7007 ●車ナビ：758014001*12（中山農村歌舞伎舞台）

オススメ宿
(朝日旅行)〔小豆島温泉〕オーキドホテル 0879-62-5001
(JTB)〔土庄〕リゾートホテルオリビアン小豆島 0879-65-2311

79 上畑野川(かみはたのかわ)（久万高原町）愛媛県

農も林も里も元気印

農業とともにマス、イワナの養殖も営む。里山も手入れが行き届く。集落の「元気の素(もと)」は、世代を超え交流する婦人グループ。

DATA ●交通：松山道松山ICから車で40分/JR松山駅からバス乗り継ぎ90分 ●特産：マス,イワナ ●総合施設：久万高原ふるさと旅行村(宿泊,歴史館,民家,キャンプ場,天体観測館等)0892-41-0711 ●食事：民泊 土居(古民家：要予約)0892-56-0702 ●体験宿：ファームインRAUM 古久里来(農業体験)0893-44-2079 ●宿問合せ：久万高原町観光協会 0892-21-1192 ●車ナビ：294366511*23(上畑野川公民館)

オススメ宿
- 朝日旅行 〔道後温泉〕宝荘ホテル 089-931-7111
- JTB 〔松山〕松山東急イン 089-941-0109

80 城川町田穂（西予市） 愛媛県

接待の場「茶堂」健在

巡礼者に飲食をふるまうことで自分も功徳を積む「お接待」の場である東屋風の茶堂が、棚田の脇に健在。虫送りの行事も残る。

DATA　●交通：松山道西予宇和ICから車で30分/JR予讃線卯之町駅からバス乗り継ぎ野村経由で60分 ●特産：栗, シイタケ ●直売：城川特産品センター「きなはい屋」0894-82-1100 ●公共宿：宝泉坊ロッジ 0894-83-0151/ 城川自然ロッジ 0894-83-1000 ●宿問合せ：西予市役所商工観光課 0894-62-1111 ●車ナビ：176743247*45（ごまじり茶堂）

オススメ宿　朝日旅行　JTB〔宇和島〕宇和島国際ホテル 0895-25-0111

81 遊子水荷浦（宇和島市）愛媛県

空へかけのぼる段々畑

半農半漁の里で海ぎわから丘の上まで段々畑の石垣が屹立。石垣は60段に及ぶ。手入れの行き届いた畑でジャガイモ生産が盛ん。

DATA ●交通：JR予讃線宇和島駅から車で40分またはバスで60分／宇和島港から海上タクシーで20分 ●特産：真珠，ミカン，鯛めし，じゃこ天 ●直売：特産品センターみなみくん0895-25-6825／きなはいや三万石0895-52-1990 ●宿問合せ：宇和島市観光協会（遊子には民宿あり）0895-22-3934 ●車ナビ：703745270*53（水荷浦集会所）

オススメ宿
- 朝日旅行〔宇和島〕ホテルクレメント宇和島 0895-23-6111
- JTB〔宇和島〕宇和島国際ホテル 0895-25-0111

82 里川（四万十町）さとかわ

高知県

四万十支流の谷を一望

「最後の清流」と呼ばれる四万十川支流域の山間の奥まった里。急斜面にへばりついた石垣の集落で、谷あいを一望できる隠れ里。

DATA ●交通：高知道須崎東ICから車で100分／予土線土佐大正駅から車で15分 ●特産：鮎を中心の川魚、栗焼酎 ●直売＆食事：道の駅 四万十大正「であいの里」0880-27-0088／道の駅 四万十とおわ「とおわ市場」0880-28-5421 ●体験宿：農家民宿 森の里 0880-26-0315／川遊び民宿 かわせみ（火振り漁体験）0880-26-0117／農家民宿 はこば 0880-27-5305（車で30分）●車ナビ：392113206*54（里川大橋＝集落入口）

オススメ宿
朝日旅行〔中村〕新ロイヤルホテル四万十 0880-35-1000
JTB〔西土佐〕ホテル星羅四万十 0880-52-2225

83 相名(あいな)（馬路村）

高知県

里の所作さりげなく

特産品のユズは搾り汁を加工飲料に使うので見てくれ不問で無農薬栽培。石垣や土手の手入れが行き届く。アユも美味を誇る。

DATA ●交通：高知道高知ICから車で110分／土佐くろしお鉄道（ごめん・なはり線）安田駅から車で40分 ●特産：ユズ，ユズ加工品 ●総合案内：馬路村ふるさとセンター「まかいちょって家」0887-44-2333 ●直売：ゆずの森(ユズ製品)0887-44-2323 ●食事：味工房じねん 0887-39-2366（車で20分） ●宿問合せ：馬路村観光協会 0887-44-2026 ●車ナビ：647215025*88（相名加工所）

オススメ宿　朝日旅行〔高知〕高知新阪急ホテル 088-873-1111
　　　　　　JTB〔安芸〕土佐ロイヤルホテル 0887-33-4511

84 和白干潟（わじろひがた）（福岡市）

福岡県

博多湾の自然干潟

渡り鳥の餌となる貝など底生動物が豊富。周辺にはハマニンニクなど塩生植物が群生、干潟本来の景観を残す。保全活動も続く。

DATA ●交通：西鉄貝塚線唐の原駅から徒歩5分/JR香椎線（海の中道線）和白駅から徒歩10分/公共の駐車場はない ●直売：コスモス広場 092-943-1114/あんずの里市（元気な農家の女性と豊富な品揃えが特徴：車で30分）0940-52-5995 ●公共宿：休暇村 志賀島 092-603-6631 ●車ナビ：13652487*31（海の広場）

オススメ宿
- 朝日旅行 〔二日市温泉〕大丸別荘 092-924-3939
- JTB 〔福岡〕ＡＮＡクラウンプラザホテル福岡 092-471-7111

85 星野村（ほしのむら）

福岡県

棚田と茶と星の村

石積みの棚田群が24ヵ所。日当たりの良い斜面には茶畑や花木畑もある。大型望遠鏡を備えて「星のふるさと」をアピールする。

DATA ●交通：九州道八女ICから車で50分／大分道杷木ICから車で50分/JR鹿児島本線羽犬塚駅からバスで90分 ●特産：星野茶 ●公開天文台：星の文化館 0943-52-3000（有料） ●体験：茶の文化館（ひき臼体験）0943-52-3003 ●直売：おばしゃんの店「清流」0943-52-3232 ●食事:星野茶寮（茶そば,茶がゆ）0943-52-3003 ●宿：池の山荘 0943-52-2082 ●宿問合せ：星野村観光協会 0943-52-2207 ●車ナビ：166286561*85（星野村役場）

オススメ宿 JTB 〔原鶴温泉〕泰泉閣 0946-62-1140

86 加部島（かべしま）（唐津市）

佐賀県

防風垣が守る畑地景観

生け垣や竹垣で囲った畑地景観が広がる。畑の手入れの良さは地域の営農意欲の表れ。海辺の田島神社周辺には暖地性植物が自生。

DATA ●交通：JR筑肥線唐津駅から車で45分/厳木多久道路牧瀬ICから車で85分/JR唐津駅から徒歩5分の唐津大手口バスセンターからバスで45分,徒歩5分 ●特産：甘夏ミカン,イカ ●直売：甘夏かあちゃん0955-82-2920/呼子朝市（呼子朝市組合：日本三大朝市）0955-82-0678 ●食事：愛郷ファーム（和牛飼育農家のレストラン）0955-82-5481 ●宿問合せ：唐津観光協会0955-74-3355 ●車ナビ：182782274*58（田島神社）

オススメ宿
朝日旅行〔唐津〕唐津シーサイドホテル 0955-75-3300
JTB〔唐津〕洋々閣 0955-72-7181

87 湯崎(ゆざき)（白石町）佐賀県

復活の湧水で里見直す

湧水地帯。地下水の使いすぎで枯れていた氏神社の縫ノ池が40年ぶりに復活。これを機に、里を見直す動きも生まれている。

DATA ●交通：長崎道武雄北方ICから車で25分/JR長崎本線肥前白石駅から車で10分 ●特産：テンペ,レンコン,イチゴ,海産物 ●直売：しろいし特産物直売所(野菜)0952-84-7050/菜海ありあけ直売所(海産物)0954-65-5089 ●食事：干潟レストラン むつごろう 0954-63-1723(車で30分) ●宿問合せ：白石町役場 0954-65-3111 ●車ナビ：104327132*38(縫ノ池湧水地)

オススメ宿
- 朝日旅行 〔武雄温泉〕御船山観光ホテル 0954-23-3131
- JTB 〔武雄温泉〕湯元荘東洋館 0954-22-2191

88 神代小路（こうじろくうじ）（雲仙市）

長崎県

武家屋敷つなぐ水路

江戸後期の武家屋敷の集落景観を引き継ぐ。生け垣と庭の緑が豊か。水路は庭に引き込まれて池となり、ハヤやタナゴ類が群れる。

DATA　●交通：長崎道諫早ICから車で50分／島原鉄道神代町駅から徒歩10分　●直売：ふるさとふれあい館0957-38-6546／有明の森ふるさと物産館0957-68-5252／やさい工房野々花0957-61-7220　●食事：いろり料理ほたる0957-78-1239／農家レストラン 愛菜館（そば）0957-37-2465／農村レストラン ゆたっと（田舎風イタリアン）0957-35-2701　●宿問合せ：雲仙観光協会0957-73-3434　●車ナビ:325137045*84（神代小路駐車場）

オススメ宿　朝日旅行　JTB〔雲仙温泉〕宮崎旅館0957-73-3331

九州

89 豆酘(つつ)(対馬市) 長崎県

赤米の神事を継承

島最南端の集落。海士(あま)による潜水漁や赤米の栽培・神事など、古い文化を残す。里山を利用した養蜂や在来種ソバの栽培も盛ん。

DATA ●交通：福岡都市高速道1号線築港ICから車で数分あるいはJR博多駅からバス15分で博多港フェリーターミナルへ、厳原港までフェリーで280分・ジェットフォイルで135分、厳原港から豆酘まで車で55分 ●特産：赤米、ソバ、蜂蜜 ●直売：生産者直売所「ふれあい市場」0920-58-0002 ●食事：美女塚山荘・茶屋(山荘庭園)0920-57-1740 ●宿問合せ：対馬観光物産協会0920-52-1566 ●車ナビ：850427187*17(豆酘出張所)

オススメ宿 朝日旅行 JTB 〔対馬〕対馬グランドホテル 0920-54-9100

90 崎山(さきやま)（五島市）長崎県

生物育む畑地の生け垣

草地が広がる鬼岳東麓(ろく)の畑作地帯。現在も葉タバコ栽培が続く。防風のため畑を囲う石垣と生け垣は、生き物の暮らしの場にも。

DATA ●交通：長崎道長崎ICから長崎港まで車5分,JR長崎駅から長崎港まで車5分,長崎港から福江港までフェリー205分・ジェットフォイル85分,港から車で20分 ●特産：五島牛,五島茶,ツバキ油 ●直売：いきいき五島（魚介類も充実）0959-74-1900 ●情報＆軽食：鬼岳四季の里（地場品展示コーナー,軽食・喫茶コーナー）0959-74-5469 ●宿問合せ：五島市観光協会 0959-72-2963 ●車ナビ：1016525728*31（崎山出張所）

オススメ宿
朝日旅行 〔五島〕カンパーナホテル 0959-72-8111
JTB 〔福江島〕大波止ホテル 0959-72-3128

九州

91 阿蘇のカルデラ（阿蘇市） 熊本県

日本最大のススキ草原

昔から放牧〜採草〜野焼きが行われた雄大な草原は、多様な動植物の生息地。火山、草原、水田が一体となった独特の景観。

DATA ●交通：九州道熊本ICから車で75分/大分道玖珠ICから車で90分/JR豊肥本線阿蘇駅からバスで25分,展望所へ徒歩30分 ●特産：阿蘇あか牛,高菜 ●直売＆食事：四季彩いちのみや0967-35-4155/道の駅 波野「神楽苑」（波野産そば）0967-24-2331 ●農業体験：なみの高原やすらぎ交流館（廃校活用）0967-23-0555 ●宿問合せ：阿蘇市観光協会0967-32-1960 ●車ナビ：256878190*53（大観峰）

オススメ宿
- 朝日旅行 〔垂玉温泉〕山口旅館（日本秘湯を守る会）0967-67-0006
- JTB 〔内牧温泉〕阿蘇プラザホテル 0967-32-0711

92 五和町二江（天草市）
いつわまちふたえ

熊本県

素潜り漁とイルカ観察

沖合の岩礁にイルカがすみつき、一年中観察可能。男性の素潜り漁師が60人ほどいて、海藻やアワビを採る。天日干しの製塩業も。

DATA ●交通：九州道松橋ICから車で130分/熊本市内から車で150分/天草空港から車で15分 ●特産：アオサ,ビワ,デコポン ●食事：天草海鮮蔵 0969-52-7707 ●体験：イルカウォッチング 0969-33-1236 ●完全天日塩製塩所 0969-33-0610 ●直売：直売所わかみや 0969-32-1700/総合交流ターミナル施設「ユメール」(浴場施設,物産販売,レストラン) 0969-26-4011 ●宿問合せ：五和観光案内所 0969-32-2223 ●車ナビ：713164570*63（五和歴史民俗資料館）

オススメ宿
- **朝日旅行**〔下田温泉〕石山離宮 五足のくつ 0969-45-3633
- **JTB**〔下田温泉〕ジャルディン・マール望洋閣 0969-42-3111

九州

93 皿山(さらやま) (日田市) 大分県

土つく音が谷にこだま

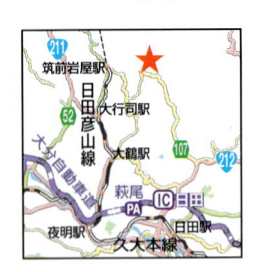

約300年続く小鹿田焼(おんた)の里。谷水を利用して陶土をつく臼の音が集落全体に響く。登り窯の燃料は、日田の製材所の端材を生かす。

DATA　●交通：大分道日田ICから車で30分/JR久大本線日田駅からバスで40分　●特産：小鹿田焼、シイタケ、カボス　●直売：小石原産業センター「ふれあい広場 つづみの里」(廃校活用) 0946-74-2288　●直売＆食事：道の駅やまくに 0979-62-3680/道の駅 うきは 09437-4-3939　●食事：うきは果樹の村 やまんどん(果樹園でお茶とケーキ) 0943-77-4174　●宿問合せ：日田市観光協会 0973-22-2036　●車ナビ：383004716*86(集落入口の駐車場)

オススメ宿
- 朝日旅行〔日田源栄〕棚田の宿 池の鶴山舎 0973-29-2338
- JTB〔日田・琴平温泉〕旅籠かやうさぎ 0973-26-0022

94 大越(おおこえ) (佐伯市) 大分県

農林業体験通じて交流

山間の集落。耕作放棄地の再生や、農林業体験を通じて都市住民と交流するなど里の維持に取り組む。盆踊りなど伝統行事も続く。

DATA　●交通：東九州道佐伯ICから車で25分/JR日豊本線佐伯駅からバスで30分 ●特産：茶,シイタケ,海産物 ●直売：道の駅 やよい 0972-46-5951 ●食事：くど庵(鹿肉,シイタケ,玄米など素材：要予約) 090-3076-5691 ●体験宿：民宿 まるに丸(海産物問屋が直営の宿) 0972-42-1600 ●宿問合せ：佐伯市観光協会 0972-23-1101 ●車ナビ：452805371*67(グリーンピア大越)

九州

95 北浦町（延岡市）宮崎県

日向灘の巻き網と茶畑

リアス式海岸の小さな入り江や美しい砂浜。日向灘での巻き網漁などで、県内一の水揚げ高。裏山には手入れの行き届いた茶畑。

DATA　●交通：東九州道佐伯ICから車で90分/延岡市から車で20分/JR日豊本線延岡駅からバスで40分　●特産：茶,塩,海産物　●直売：道の駅 北浦 0982-45-3811　●食事：レストラン 海鮮館 0982-45-3811/レストラン はゆま（北川牛など）0982-24-6006　●宿問合せ：延岡観光協会 0982-32-3706　●車ナビ：452051702*01（道の駅 北浦）

96 都城市周辺の農村部

宮崎県

広い畑で農と林が循環

畜産業を通じて、循環型の農業・林業を営む。おがくずが家畜の寝床などになり、ふんで肥料やバイオ発電。祭りや行事も息づく。

DATA ●交通：宮崎道都城ICから車で30分／JR吉都線万ケ塚駅から車で10分 ●直売：はざま牧場のお肉と野菜館0986-36-2983／JA都城「ATOM」0986-24-2200 ●食事：そば道場 百姓屋 0986-52-8086 ●食事＆体験宿：地鶏炭火焼 古里庵（古民家：農家民泊）0986-72-3136 ●宿問合せ：都城観光協会0986-23-2460 ●車ナビ：117845436＊40（山田町一堂ヶ丘公園）

九州

オススメ宿
朝日旅行〔南郷〕南郷プリンスホテル 0987-64-2111
JTB〔青島〕青島グランドホテル 0985-65-0111

97 笠沙町大当（南さつま市） 鹿児島県

石垣石畳で自然の迷路

海の迫る丘陵地に築かれた石垣と石畳の集落。畑の境界や垣根などもすべて石垣。迷路のような小路沿いに黒瓦の古い家々が残る。

DATA　●交通：指宿スカイライン川辺ICから車で70分/JR指宿枕崎線五位野駅から車で80分　●総合施設：笠沙恵比寿（宿泊,レストラン,物産：3面が海）0993-59-5020　●直売：大浦特産品直売所「ふるさと館」0993-62-2120　●食事：かせだ物産センター「るぴなす」0993-53-8739　●体験宿：がんじん荘（漁師体験）0993-68-0652　●宿問合せ：南さつま市観光協会0993-53-2111　●車ナビ：505275799*22（大当多目的集会施設）

98 加計呂麻島（瀬戸内町）鹿児島県

島唄響くサンゴの石垣

諸鈍、実久など30の集落。手積みのサンゴの石垣は防風に役立つだけでなく島唄文化を育む憩いの場でもある。各集落に土俵が。

DATA ●交通：奄美空港から古仁屋までバスで150分，古仁屋港から生間港まで海上タクシーで10分またはフェリーで20分，港からバスで5分・徒歩15分 ●特産：さとうきび酢，かけろまの塩，黒糖，魚介類 ●直売：せとうち海の駅 海力（漁協直売店：本島側）0997-72-1596 ●食事：せとうち海の駅 シーフードレストラン 0997-72-4626（本島側）●宿問合せ：瀬戸内町観光協会 0997-72-4567 ●車ナビ：476024609＊27（諸鈍集落）

オススメ宿 朝日旅行〔瀬戸内〕マリンステイション奄美 0997-72-1001
JTB〔奄美大島〕奄美シーサイドホテル 0997-52-5511

九州

99 やんばるの森（国頭村）沖縄県

亜熱帯の森に希少生物

ヤンバルクイナなど希少生物の宝庫。村民の20％が1次産業に従事し、生態系や潮の干満などを生かした伝統的文化・行事が残る。

DATA　●交通：那覇空港から車で120分/沖縄道許田ICから車で60分/那覇空港からバスで名護バスターミナル乗換え160分　●直売：道の駅 ゆいゆい国頭「国頭村観光物産センター」0980-41-5555　●食事：レストラン くいな 0980-41-5555/笑味の店（長寿膳）0980-44-3220　●宿問合せ：国頭村商工会 0980-41-5116　●車ナビ：485830346＊66（道の駅 ゆいゆい国頭）

オススメ宿　朝日旅行　JTB〔国頭〕JALプライベートリゾートオクマ 0980-41-2222

100 久米島(くめじま)（久米島町）

沖縄県

ラムサール登録の湿地

サトウキビや野菜作り、モズク採取にクルマエビ養殖が盛ん。島中央部の湿地がラムサール条約に登録。伝統の紬(つむぎ)や泡盛も元気。

DATA ●交通：久米島空港から車で20分／兼城港から車で5分 ●特産：泡盛，クルマエビ，海洋深層水 ●直売：赤嶺パイン園 098-985-4651／久米島の久米仙（泡盛工場）098-985-2276 ●体験：久米島紬の里ユイマール館 098-985-8333 ●宿問合せ：久米島観光協会 098-985-7115 ●車ナビ：669616506*52（久米島自然文化センター）

九州

オススメ宿 朝日旅行 〔久米島〕リゾートホテル久米アイランド 098-985-8001
JTB 〔久米島〕イーフビーチホテル 098-985-7111

STAFF

PRODUCER 藤原勇彦（森林文化協会・常務理事）
MANAGER 神宮尚平（森林文化協会・事務局長）
DIRECTOR 服部肇（森林文化協会） 礒貝日月（清水弘文堂書房）
SATO RESEARCHERS 海老沢秀夫（森林文化協会） 佐藤由行（森林文化協会）
DTP EDITORIAL STAFF 小塩茜（清水弘文堂書房）
DESIGNERS 二葉幾久（清水弘文堂書房）

にほんの里100選　ガイドブック

第　1　刷　　2009年4月11日
第　3　刷　　2009年7月31日

編　　者　　財団法人森林文化協会

発　行　者　　藤原勇彦
発　行　所　　財団法人森林文化協会
住　　所　　東京都中央区築地5-3-2　朝日新聞東京本社内
電話番号　　03-5540-7686

編集発売　　株式会社清水弘文堂書房
発　売　者　　礒貝日月
住　　所　　東京都目黒区大橋1-3-7-207
電話番号　　《受注専用》03-3770-1922
Ｅメール　　mail@shimizukobundo.com
Ｈ　　Ｐ　　http://shimizukobundo.com/
編　集　室　　清水弘文堂書房葉山編集室
住　　所　　神奈川県三浦郡葉山町堀内870-10
電話番号　　046-804-2516
Ｆ　Ａ　Ｘ　　046-875-8401

印　刷　所　　モリモト印刷株式会社

□乱丁・落丁本はおとりかえいたします□

©2009 Shinrinbunka-kyokai　ISBN978-4-87950-593-4　C0026